देश में सुरक्षित नहीं रही निष्पक्ष पत्रकारिता

लेखक

डॉक्टर सैयद खालिद कैस

MA, CAFE, CHR, CRD, LL.B, PhD (Media and Journalism)

द थेम्स इंटरनेशनल यूनिवर्सिटी पेरिस फ्रांस

TANEESHA
PUBLISHERS

Title : Desh Mein Surakshit Nahin Rahi Nishpaksh Patrakarita
Author : Dr. Syed Khalid Qais
Edition : First (July, 2025)
ISBN : 9789349789159

Published by

TANEESHA PUBLISHERS | *A Venture by -* **PRACHI DIGITAL PUBLICATION**

Regd. Add.: 254, Khuriyakhatta No. 10, Bindukhatta,
Lalkuan, Nainital - 262402, Uttarakhand, India
Website : www.taneeshapublishers.in
E-mail : taneeshapublishers@gmail.com
Phone : +91 8454 812712, +91 8057 812712

Printed by :
Manipal Technologies Limited, Bengaluru - 560001, Karnataka

अनुक्रमणिका

अपनी बात

यह तो जगजाहिर है कि वर्तमान संदर्भ में निष्पक्ष पत्रकारिता असुरक्षित हो चुकी है। राजतंत्र, शासन प्रशासन, पुलिस, माफिया गर्ज के सभी भ्रष्ट तंत्र निष्पक्ष पत्रकारिता के दुश्मन हो गए हैं। 2014 के बाद के इस नए काल खंड में यदि सबसे ज्यादा प्रहार किसी पर हुए तो वह पत्रकारिता ही है विशेषकर निष्पक्ष पत्रकारिता पर हुए हमलों ने लोकतंत्र के चौथे स्तंभ को सबसे ज्यादा चोटिल किया है।

पत्रकारों एवं पत्रकारिता की वर्तमान स्थिति को देखते हुए मेरे द्वारा सर्वप्रथम 2024 में शब्दाहुती प्रकाशन, दिल्ली के माध्यम से पत्रकारिता पर आधारित अपनी पहली किताब "लोकतंत्र का चौथा स्तंभ लहू-लुहान" का प्रकाशन कराया। इस किताब की सफलता में मेरी सहयोगी श्रीमती शशि दीप मुंबई की भूमिका को नकारा नहीं जा सकता है। उनके प्रोत्साहन का ही परिणाम रहा कि मेरी पत्रकारिता पर आधारित पहली किताब "लोकतंत्र का चौथा स्तंभ लहू-लुहान" का प्रकाशन संभव हो पाया। उस किताब को प्रेस क्लब ऑफ वर्किंग जर्नलिस्ट्स संगठन के मुंबई राष्ट्रीय अधिवेशन में 14 सितंबर 2024 को राष्ट्र के नाम समर्पित करने के बाद मुझे निष्पक्ष पत्रकारिता पर हो रहे हमलों की चिंता ने सताया और उसका यह परिणाम हुआ कि एक बार फिर मेरी पारिवारिक सदस्य, शुभचिंतक, द्विभाषी लेखिका श्रीमती शशि दीप मुंबई के सहयोग के परिणामस्वरुप, इस वर्ष पत्रकारिता पर आधारित मेरी दूसरी किताब "देश में सुरक्षित नहीं निष्पक्ष पत्रकारिता" का प्रकाशन संभव हो पाया है। इस किताब में मेरे द्वारा निष्पक्ष पत्रकारिता पर हो रहे हमलों सहित सर्वोच्च न्यायालय द्वारा निर्णयों को परिभाषित किया है।

संविधान द्वारा प्रदत्त विचारों की अभिव्यक्ति की स्वतंत्रता के अधिकार की सीमा रेखा और शक्ति को भी परिभाषित किया है। सुप्रीम कोर्ट में जस्टिस अभय एस. ओका और उज्जल भुइयां

की पीठ ने एक मामले की सुनवाई के दौरान संविधान के अनुच्छेद-19 (1) (ए) के तहत भाषण और अभिव्यक्ति की आजादी के मौलिक अधिकार को संरक्षित करने के महत्व पर जोर दिया। पीठ ने कहा कि जब बात भाषण और अभिव्यक्ति की आजादी की बात आती है, तो इसे संरक्षित करना होगा। वर्तमान संदर्भ में भाषण और अभिव्यक्ति की आजादी को संरक्षित करना नितांत आवश्यक है उसी प्रकार निष्पक्ष पत्रकारिता की रक्षा वर्तमान समय की मांग है।

मेरे द्वारा माननीय सर्वोच्च न्यायालय द्वारा पत्रकारिता को संरक्षित करने संबंधी न्याय दृष्टांतों को इस किताब में समाहित कर जनमानस विशेषकर दुरांचल के पत्रकारों को जागरूक और संरक्षित करने का एक प्रयास किया है। मुझे विश्वास है कि पत्रकारों को इस किताब से लाभ अर्जित होगा। इसी विश्वास के साथ मैं अपनी इस नई किताब, पत्रकारिता पर आधारित दूसरी किताब "देश में सुरक्षित नहीं रही निष्पक्ष पत्रकारिता" को आज देश के नाम समर्पित कर रहा हूं। इस किताब में मेरे द्वारा पत्रकार बिरादरी और विशेषकर आमजन की सुविधा के मद्देनजर मानव अधिकार संरक्षण जैसे महत्वपूर्ण विषय को भी समाहित किया गया है।

किताब के दूसरे खंड में मेरे द्वारा मानव अधिकार क्या हैं। मानव अधिकार संरक्षण के नियमों सहित सार्वभौमिक मानव अधिकार, मानव अधिकार आयोग का कार्य, मानवाधिकार का उल्लंघन, बुनियादी मानवाधिकार, भारत में मानव अधिकार और उनकी प्रासंगिकता, मानव अधिकार घोषणा पत्र के अनुच्छेदों, सामाजिक न्याय, मानव अधिकार की सर्वभौम घोषणा आदि को भी समाहित किया गया है ताकि आमजन सहित इस जानकारी से पत्रकारिता जगत लाभ अर्जित कर सके। मुझे पूर्ण विश्वास है कि पत्रकारिता व पत्रकारों के अधिकारों व उनके उत्पीड़न पर आधारित मेरी यह पुस्तक पाठकों, पत्रकार बिरादरी तथा समस्त जनमानस के लिए लाभकारी सिद्ध होगी तथा राष्ट्रीय कल्याण में योगदान कर सकेगी।

जय हिंद

जय भारत

आपका

डॉक्टर सैयद खालिद कैस एडवोकेट

प्रस्तावना

पत्रकारिता लोकतंत्र का चौथा स्तम्भ है, जो देश और समाज का आईना है और विचारों की अभिव्यक्ति की स्वतंत्रता की मशाल को जलाए रखता है। पर आज के दौर में लगातार इसकी स्थिति दयनीय होती जा रही है और स्वतंत्र पत्रकारिता लगभग विलुप्तता की ओर अग्रसर है। ऐसे में देश के नागरिकों को अपने देश की सच्चाईयों से वंचित रखा जाता रहेगा और स्वतंत्र पत्रकारिता के अभाव में झूठी खबरों का पुलिंदा बनाकर देश और समाज को दिग्भ्रमित किया जाता रहेगा। क्योंकि समाज और देश की समस्याओं पर किसी का ध्यान ही नहीं जाएगा और बुराईयों को आराम से फलने-फूलने का सुअवसर मिलता रहेगा। इस प्रकार आजादी के 77साल बाद भी देश में पत्रकार सुरक्षा कानून के अभाव में पत्रकारों की स्वतंत्रता कमजोर होती जा रही है, लेकिन कुछ साहसी पत्रकार जान की परवाह किए बिना स्वतंत्र और निष्पक्ष पत्रकारिता ही नहीं करते वरन् सच्चाई की खोज में निरंतर आगे बढ़ते हैं ताकि लोकतंत्र के इस अत्यंत महत्वपूर्ण अवयव को बचाया जा सके।

ऐसे ही महान विभूति भोपाल निवासी वरिष्ठ पत्रकार/एडवोकेट डॉ सैयद खालिद कैस जी ने पत्रकारों की सुरक्षा और कल्याण के लिए कानून पारित कराने के विचार का बीज़ बोया और एक अखिल भारतीय संगठन की स्थापना की, जो पत्रकारों की सुरक्षा और उनके कल्याण के क्षेत्र में एक नई दिशा की ओर बढ़ने का दृढ़ संकल्प है। यह संगठन पत्रकारों के सुरक्षा और कल्याण के लिए प्रतिबद्ध है और देश भर में एक शक्तिशाली और सशक्त संगठन के रूप में फैला हुआ है। सैयद खालिद जी द्वारा इस संगठन को आगे बढ़ाते हुए न केवल विभिन्न गतिविधियों पर ध्यान केंद्रित किया गया, बल्कि पत्रकारों से जुड़े विभिन्न मुद्दों, जानकारियों, और समस्याओं को अपनी प्रखर लेखनी के माध्यम से समाज और प्रशासन के समक्ष लाया गया, जिन्हें देश भर के प्रमुख अखबारों ने अपनी हेडलाइंस बनाया।

यह पुस्तक उन्हीं आलेखों का द्वितीय संकलन है, पिछले साल 2024 में उनके द्वारा लेखी प्रथम संकलन "लोकतंत्र का चौथा स्तम्भ लहू-लुहान" नामक किताब के रूप में प्रकाशित हुआ जिसे भारी सफ़लता मिली। डॉ खालिद द्वारा लिखित आलेखों को मैंने एक पत्रकार और संगठन की राष्ट्रीय प्रवक्ता के रूप में निरंतर अध्ययन किया है, और यही कारण है कि मैंने इस पुस्तक की भूमिका लिखने की महत्वपूर्ण जिम्मेदारी स्वीकार की है।

मुझे पूर्ण विश्वास है कि यह किताब "देश में सुरक्षित नहीं रही निष्पक्ष पत्रकारिता" न केवल पत्रकारों के लिए बल्कि देश के हर जागरूक नागरिक के लिए भी बेहद उपयोगी व चक्षु उन्मीलक साबित होगी।

ईश्वर की कृपा से मुझे इस पुनीत कार्य में योगदान देने का अवसर मिला है, जिसके लिए मैं अत्यंत आभारी हूँ। मेरा हृदय से यही भाव उद्भृत होता है कि वास्तव में लोकतंत्र के चौथे स्तम्भ की रक्षा के लिए मशाल थामे हुए हैं संगठन के सूत्रधार व इस किताब के लेखक डॉ सैयद खालिद कैस जी।

नेक कार्यों की दिल से सराहना करना और उसका प्रचार–प्रसार करना मानवता की सेवा का एक महत्वपूर्ण पहलू है, यह मेरी राय है। परमात्मा की शक्ति सर्वत्र व्याप्त है, उनका स्मरण करना और समर्पण भाव से कर्म करना जीवन को संतुष्टि प्रदान करता है। मैं लेखिका, साहित्यकार, पत्रकार तथा समाजसेवी श्रीमती शशि दीप मुंबई इस पुस्तक के प्रकाशन की सफलता की कामना करती हूँ।

शुभकामनाओं सहित

शशि दीप
मुंबई
विचारक/द्विभाषी लेखिका/पत्रकार/समाजसेवी

अध्याय - 1

1. देश में सुरक्षित नहीं रही निष्पक्ष पत्रकारिता
2. वर्तमान संदर्भ में निष्पक्ष पत्रकारिता का स्तर?
3. निष्पक्ष पत्रकारिता के संवाहकों की रक्षा नितांत आवश्यक
4. मानवाधिकारों और धर्मनिरपेक्षता के सिद्धांतों के उल्लंघन गंभीर चिंता के विषय
5. राजनीतिक आलोचना हर नागरिक का मौलिक अधिकार है
6. विचारों की अभिव्यक्ति की स्वतंत्रता पर हो रहे हमले और संविधान में नागरिकों के मूल अधिकारों का इतिहास
7. भाषण और अभिव्यक्ति की स्वतंत्रता को पुलिस को भी समझाना होगा
8. अमृत काल में अपराधियों का महिमामंडन देश की अस्मिता पर कलंक
9. अमृत काल में अपराधियों का महिमामंडन देश की अस्मिता पर कलंक

(1)

देश में सुरक्षित नहीं रही निष्पक्ष पत्रकारिता

विगत कई वर्षों से जिस तरह स्वतंत्र या यह कहें निष्पक्ष पत्रकारिता पर हमले दिखाई दे रहे हैं वह इस बात का प्रमाण है कि देश आज जिस दौर से गुज़र रहा है उसमें निष्पक्ष पत्रकारिता को सुरक्षित कहना अतिशयोक्ति होगी। बीते कई वर्षों से जिस प्रकार के प्रहार निष्पक्ष पत्रकारिता पर हुए वह निश्चित ही चिंतनीय रहे। एक दो नहीं सैकड़ों ऐसे मामले सामने आए जिनके बाद सत्ता के खिलाफ लिखना और बोलना गुनाह माना गया और निष्पक्ष पत्रकारिता को कुचलने का प्रयास किया गया। गत दिनों दिल्ली में स्वतंत्र मीडिया समूह न्यूजक्लिक पर भारत सरकार की कार्रवाई और इसके संस्थापक-संपादक प्रबीर पुरकायस्थ की गिरफ्तारी की पहली वर्षगांठ को लेकर प्रेस क्लब ऑफ इंडिया दिल्ली में एक सभा का आयोजन किया गया। प्रेस कॉन्फ्रेंस और सार्वजनिक बैठक का आयोजन पीसीआई के सहयोग से दिल्ली यूनियन ऑफ जर्नलिस्ट (DUJ), प्रेस एसोसिएशन (PA), इंडियन वूमेन प्रेस कॉर्प्स (AWPC) और केरल यूनियन ऑफ वर्किंग जर्नलिस्ट द्वारा किया गया। इस आयोजन में एक स्वर में सभी वक्ताओं ने निष्पक्ष पत्रकारिता पर हो रहे हमलों पर चिंता जताई।

ज्ञात हो कि गत दिनों प्रेस कौंसिल ऑफ इंडिया की अध्यक्षा द्वारा एक आयोजन में अपने उद्बोधन में कहा था कि एक विशवसनीय लोकतांत्रिक समाज सुनिश्चित करने के लिए मीडिया को अपने कर्तव्यों को सच्चाई और जिम्मेदारी से निभाना चाहिए और राह में आने वाली प्रत्येक चुनौती का समाधान करना चाहिए। लेकिन उसके विपरीत परिस्थितियों में जब मीडिया अपनी जिम्मेदारी और कर्तव्यों का निर्वाहन करता है तो उसको दमनकारी नीति का सामना करना पड़ता है। सरकार नही चाहती कि उसकी नीतियों का विरोध हो, सरकार नही चाहती निष्पक्ष पत्रकारिता समाज को आईना दिखाए, सरकार नही चाहती सच उजागर हो। निष्पक्ष पत्रकारिता, स्वतंत्र पत्रकारिता के प्रदर्शन से घबराई सरकार अपनी जिम्मेदारी एजेंसियों के बल पर कलम के सिपाहियों का दमन करना चाहती है, दमन करती है, उनको कुचलना चाहती है। जहां एक ओर देश की सर्वोच्च न्यायालय निष्पक्ष पत्रकारिता की रक्षा करती है वहीं सरकार सर्वोच्च न्यायालय के दिशा निर्देश के विपरीत आचरण करती है। गत दिनों सर्वोच्च न्यायालय ने निष्पक्ष पत्रकारिता की रक्षा करते हुए कहा कि लोकतांत्रिक देशों में अपने विचार व्यक्त करने की स्वतंत्रता का सम्मान किया जाता है।

पत्रकारों के अधिकार भारत के संविधान के अनुच्छेद 19(1)(ए) के तहत संरक्षित हैं। केवल इसलिए कि किसी पत्रकार के लेखन को सरकार की आलोचना के रूप में देखा जाता है, लेखक के खिलाफ आपराधिक मामला नहीं चलाया जाना चाहिए। लेकिन सरकार फिर भी निष्पक्ष पत्रकारिता पर प्रहार से बाज़ नही आती।

यह जगजाहिर है कि स्वस्थ लोकतंत्र को आकार देने में मीडिया महत्वपूर्ण भूमिका निभाता है। यह लोकतंत्र की रीढ़ है। मीडिया दुनिया भर में होनेवाले विभिन्न सामाजिक, राजनीतिक और आर्थिक गतिविधियों से अवगत कराता है। यह एक दर्पण की तरह है, जो हमें दिखाता है या हमें सच्चाई और कठोर वास्तविकताओं को दिखाने का प्रयास करता है।

मीडिया भी लोकतांत्रिक व्यवस्था में कमियों को उजागर करता है, जो आखिरकार सरकारों की कमियों की रिक्तता को भरने और एक प्रणाली को अधिक जवाबदेह, उत्तरदायी और नागरिक-अनुकूल बनाने में मदद करता है। मीडिया के बिना एक लोकतंत्र पहियों के बिना वाहन की तरह है। सूचना प्रौद्योगिकी की उम्र में हम जानकारी के साथ बमबारी कर रहे हैं। हम सिर्फ एक माउस के एक क्लिक के साथ विश्व की घटनाओं की नब्ज प्राप्त करते हैं। सूचना के प्रवाह में कई गुना बढ़ गया है। राजनीति और समाज में बड़े पैमाने पर भ्रष्टाचार को उजागर करने में प्रौद्योगिकी और मानव संसाधन (पत्रकार) के सही मिश्रण ने एक भी पत्थर नहीं छोड़ा है। ऐसे में निष्पक्ष पत्रकारिता पर हो हमले लोकतांत्रिक व्यवस्था पर चोट है जो स्वतंत्र पत्रकारिता का क्षरण कर रहे हैं।

निष्पक्ष पत्रकारिता क्या है

निष्पक्ष पत्रकारिता के बारे में बात करते हैं! यह एक ऐसा विषय है जो आज के समय में बहुत महत्वपूर्ण हो गया है। पत्रकारिता की निष्पक्षता से ही हम सच्चाई को जान सकते हैं और अपने विचार बना सकते हैं।

निष्पक्ष पत्रकारिता का अर्थ है कि पत्रकार बिना किसी पूर्वाग्रह या पक्षपात के समाचारों को प्रस्तुत करें। इसका मतलब है कि वे किसी एक पक्ष को बढ़ावा देने या किसी दूसरे पक्ष को नीचा दिखाने की कोशिश नहीं करते हैं।

(2)

वर्तमान संदर्भ में निष्पक्ष पत्रकारिता का स्तर?

पत्रकारिता आज जिस दौर से गुजर रही है उसमें निष्पक्षता और स्वतन्त्र पत्रकारिता को परिभाषित करना एक कठिन विषय है। देश में विगत एक दशक में जिस प्रकार पत्रकारिता पर प्रहार हो रहे हैं उसने निष्पक्ष पत्रकारिता को हाशिये पर ला खड़ा किया है। आलोचनात्मक टिप्पणी के नाम पर निष्पक्षता और स्वतन्त्र पत्रकारिता पर जिस प्रकार प्रहार किए जा रहे हैं वह आश्चर्यजनक हैं। वर्तमान समय में जिसे पत्रकारिता का नाम दिया जा रहा है उसे पीत पत्रकारिता कहा जाना नितांत आवश्यक है। ऐसे में निष्पक्षता और स्वतन्त्र पत्रकारिता को परिभाषित किया जाना आवश्यक है। पत्रकारिता में स्वतंत्रताएक बड़ी चुनौती है। सिर्फ भारत ही नहीं बल्कि दुनिया भर में पत्रकारों को चुनौतियों का सामना करना पड़ता है। वैसे इस क्षेत्र में चुनौतियों का सिलसिला कोई नई बात नहीं है। हम कह सकते हैं कि कारपोरेटर एवं सरकारी दबाव के बीच नैतिक पत्रकारिता करना आज के परिवेश में बड़ी समस्या बनकर उभरी है, जिससे कई खबरें या तो दब जाती है या फिर कई खबरों को दबा दिया जाता है। भारत में कई चैनल्स है और लगभग सवा लाख पत्र पत्रिकाएं हैं। इनमें राष्ट्रीय हित और राष्ट्रीय संस्कृतिको बढ़ावा देने वाले कितने हैं? इसलिये निष्पक्ष पत्रकारों के लिए जरुरी कदम उठाए जाने चाहिए। निष्पक्ष और निर्भीक खबरें पाठक तक पहुंचाना ही पत्रकारिता की खास पहचान है। नई अर्थव्यवस्था से पूर्व भी इस देश में पत्रकारिता थी, लोग लिखे हुए पर विश्वास करते थे। कहावत भी थी सौ बकी एक लिखी। "प्रेस" शब्द कोलोकतंत्र के चौथे स्तंभके रूप में देखा जाता था।

समाचारपत्र की बात करें तो खुली अर्थव्यवस्था ने समाचारपत्र को उत्पाद बना दिया है। समाचार पत्र का पाठक अब पाठक नहीं रहा। उसका अवमूल्यन होकर ग्राहक हो गया। पहले किसी भी समाचार पत्र का संपादक विद्वान व्यक्ति होता था उसके नाम से समाचारपत्र की पहचान होती थी। पत्रकार निष्पक्ष और निर्भीक होते थे। अखबार में छपी खबर का उल्लेख संसद में होता था। अब स्थिति बदल चुकी है समाचार पत्र में छपे समाचार पर विश्वास करना कठिन हो गया है। लोग हर न्यूज कई अखबारों द्वारा वेरिफिकेशन करने के बाद विश्वास कर पाते हैं। दरअसल अखबार में अक्सर पेड न्यूज होती है। अब वह सब कुछ छपने लगा है जो वास्तव में पत्रकारिता होती ही नहीं है।

सवाल उठता है कि क्या आज का मीडिया निष्पक्ष पत्रकारिता करता है? तो आपको बता दें कि

सरकारी कागज़ पर छपने वाले अखबार और सरकारी व अन्य विज्ञापन पर चलने वाले न्यूज़ चैनल निष्पक्ष तो कभी नहीं रहे लेकिन पहले हालत इतनी ख़राब नहीं थी अब काफी कुछ बदल चुका है। हालांकि कुछ ऑनलाइन न्यूज़ पोर्टल अभी भी निष्पक्ष पत्रकारिता कर रहे हैं किंतु सरकार उन्हें दबाने में लगी है। वैसे भारत देश में निष्पक्ष पत्रकारिता ख़त्म हो रही है बल्कि हो चुकी है। समाचार चैनलों पर इस समय निष्पक्ष कुछ भी नहीं दिखाया जाता सब कुछ आर्थिक हितों के अनुसार तय होता है, सब कुछ प्रायोजित है कि क्या दिखाना है और क्या नहीं दिखाना। पत्रकारिता में पूंजीवाद और कारपोरेट जगत के हस्तक्षेप के बाद उसकी निष्पक्षता संदिग्ध सी हो गई है। सच कहें तोपूंजीवाद इस कदर देश में हर संस्था पर, पूरे सिस्टम पर हावी हो चुका है कि निष्पक्षता जैसा शब्द तो सिर्फ डिक्शनरी में ही रह गया है। स्वच्छ, निष्पक्ष व निर्भीक पत्रकारिता से ही लोकतंत्र मजबूत होगा। आज पत्रकारिता का महत्व पहले से अधिक बढ़ गया है। पत्रकारिता समाज का दर्पण होता है। पत्रकार की लेखनी समाज की गंदगी को दूर करती है और विकास में महत्वपूर्ण भूमिका निभाती है। ऐसे हालत में निष्पक्ष और स्वतंत्र पत्रकारिता की रक्षा वर्तमान समय की आवश्यकता है वरना एक समय वह आयेगा जब मीडिया में निष्पक्ष पत्रकारिता जैसी कोई चीज भी होती थी इसका अन्वेषण किया जाएगा।

निष्पक्ष पत्रकारिता के लिए कुछ महत्वपूर्ण बातें हैं:

1. तथ्यों की जांच: पत्रकारों को अपने समाचारों में तथ्यों की जांच करनी चाहिए और सुनिश्चित करना चाहिए कि वे सही जानकारी प्रस्तुत कर रहे हैं।
2. संतुलित रिपोर्टिंग: पत्रकारों को सभी पक्षों की बात सुननी चाहिए और अपने समाचारों में संतुलन बनाए रखना चाहिए।
3. पूर्वाग्रह से बचना: पत्रकारों को अपने पूर्वाग्रहों से बचना चाहिए और निष्पक्ष रहने की कोशिश करनी चाहिए।

निष्पक्ष पत्रकारिता के कई फायदे हैं:

1. सच्चाई का पता लगाना: निष्पक्ष पत्रकारिता से हम सच्चाई का पता लगा सकते हैं और अपने विचार बना सकते हैं।
2. जनमत का निर्माण: निष्पक्ष पत्रकारिता से जनमत का निर्माण होता है और लोग अपने विचारों को व्यक्त कर सकते हैं।

(3)

निष्पक्ष पत्रकारिता के संवाहकों की रक्षा नितांत आवश्यक

सम्पूर्ण भारत में पत्रकारों पर हमले हत्या तथा हत्या के प्रयासों की आये दिन घटित घटनाओं के बीच विगत दिनों छत्तीसगढ राज्य के बस्तर क्षेत्र में गंगालूर से हिरोली तक 120 करोड़ रुपये की सड़क निर्माण परियोजना में कथित भ्रष्टाचार का खुलासा करने वाले छत्तीसगढ़ के बीजापुर के युवा पत्रकार मुकेश चंद्राकर की निर्मम हत्या ने एक बार भी यह साबित कर दिया है कि प्रदेश सरकारें निष्पक्ष पत्रकारिता एवं भ्रष्टाचार उजागर करने वाले पत्रकारों की सुरक्षा में फैल साबित हो रही है। देश भर में पत्रकारों की हत्या, हत्या के प्रयास और झूठी प्राथमिकी दर्ज होना अब साधारण सी बात हो गई है। ऐसे में देश भर में पत्रकार सुरक्षा कानून की आवश्यकता से इंकार नहीं किया जा सकता है। देश भर में प्रदेश सरकारों का पत्रकार सुरक्षा के प्रति उदासीन व्यवहार चिंता का विषय है।

पत्रकारों की सुरक्षा के लिहाज से बनाई गई 180 देशों की सूची में भारत का 162 वां नंबर पर होना कोई शुभ संकेत नहीं। सरकारों की उदासीनता का ही परिणाम है कि भारत में निष्पक्ष पत्रकारिता, स्वतंत्र पत्रकारिता जोखिम भरा कार्य हो गया है। देश भर में घटित घटनाएं इस बात का घोतक है भ्रष्टाचार, अपराध और उनको संरक्षण देने वाले तत्व चाहे वह राजनैतिक हो या व्यापारिक हर कोई पत्रकारों की आवाज दबाना चाहते हैं, छत्तीसगढ़ की घटना इसी का प्रमाण है।

ऑब्जर्वेटरी ऑफ किल्ड जर्नलिस्ट्स, यूनेस्को के मुताबिक, पिछले पांच वर्षों में भारत में 17 पत्रकारों की हत्या कर दी गई। रिपोर्टर्स विदाउट बॉर्डर की वेबसाइट का दावा है कि पत्रकारों की सुरक्षा के लिहाज से बनाई गई 180 देशों की सूची में भारत का 151 वां नंबर पर है, यानी स्थिति नाजुक है। पत्रकारों के लिए सबसे सुरक्षित देश लग्ज़मबर्ग को माना गया है। यह पहले स्थान पर है। वहीं, सीरिया सबसे असुरक्षित देश है। वह सबसे अंतिम यानी 180 वें पायदान पर है। इसी लिस्ट में ब्रिटेन 50 वें नंबर पर है। वहीं, अमेरिका 112 वें पायदान पर खड़ा हुआ है। पाकिस्तान का 169 वां नंबर है।

रिपोर्टर्स विदाउट बॉर्डर की वेबसाइट के अनुसार, भारत में हर साल औसतन तीन से चार पत्रकारों की हत्या होती है। कई बार पत्रकारों को ऑनलाइन उत्पीड़न, धमकी, डर और हमलों के

साथ आपराधिक मुकदमों और गिरफ्तारी का सामना करना पड़ता है। ऑब्जर्वेटरी ऑफ किल्ड जर्नलिस्ट्स, यूनेस्को की रिपोर्ट कहती है कि वर्ष 1993 से अब तक दुनियाभर में 1 हजार 728 पत्रकारों की हत्या हुई है, इसमें एशिया में 457 और भारत में 60 पत्रकारों को मार दिया गया। पाकिस्तान की स्थिति और भी खराब है। 1993 से लेकर अब तक पाकिस्तान में 101 पत्रकारों की हत्या की गई है।

मध्यप्रदेश के सागर के शाहगढ़ में 40 साल के पत्रकार चक्रेश जैन की जलने से संदिग्ध परिस्थितियों में हुई मौत हो या भिंड में पत्रकार संदीप शर्मा को डंपर से कुचलकर मारा। देश भर में हुई इस तरह की घटनाएं निष्पक्ष पत्रकारिता को नष्ट करने पर आमादा हैं।

पत्रकारों पर हमले या हत्या के पीछे असहमति और आलोचना है जिसके ख़िलाफ़ बढ़ती हिंसा के शिकार पत्रकार अपनी जान से हाथ धो रहे हैं। NCRB के आँकड़े बताते हैं कि 2013 से 2023 के बीच लगभग 40 पत्रकारों की हत्या की गई। इनमें से अधिकांश हत्याएं छोटे शहरों और ग्रामीण इलाकों में हुईं। 50% से अधिक मामलों में जांच के बावजूद न्याय नहीं मिल सका। रिपोर्टर्स विदाउट बॉर्डर्स' के अनुसार 2021 में भारत 180 देशों में 142 वें स्थान पर था। 2023 में यह स्थिति और भी खराब हुई, और भारत को "पत्रकारों के लिए खतरनाक" देशों की श्रेणी में रखा गया।

ऐसे में यह कहना गलत नहीं होगा कि लोकतंत्र के चौथे स्तम्भ के प्रहरियों/ रक्षकों तथा निष्पक्ष पत्रकारिता के संवाहकों की रक्षा नितांत आवश्यक है अन्यथा देश भर में छत्तीसगढ़ जैसी घटनाएं दृश्यमान होंगी जो निष्पक्ष पत्रकारिता के शुभ संकेत नहीं। ऐसे में देश भर की प्रादेशिक सरकारों को अविलंब पत्रकार सुरक्षा कानून लागू करके पत्रकारों की सुरक्षा सुनिश्चित करनी होगी।

(5)

राजनीतिक आलोचना हर नागरिक का मौलिक अधिकार है

वर्तमान संदर्भ में जिस तरह हेट स्पीच का बोलबाला है, देश के प्रधान से लेकर सत्ताधारी ओर विपक्ष के नेता हेट स्पीच के माध्यम से देश की एकता अखंडता को कलंकित कर रहे हैं वह किसी से छिपा हुआ नहीं है। इंडिया हेट लैब की रिपोर्ट बताती है कि 2024 में उत्तर प्रदेश में सबसे अधिक 242 हेट स्पीच की घटनाएं दर्ज की गईं। ये 2023 की तुलना में 132% की वृद्धि है। वहीं, नफ़रती भाषण देने वाले टॉप दस लोगों में वरिष्ठ नेताओं के नाम शामिल हैं। इस सबके बावजूद हेट स्पीच पर लगाम न कसने वाली सरकार सोशल मीडिया पर अपनी नाकामियों को उजागर होने पर तिलमिलाकर कार्यवाही से बाज़ नहीं आती है। निष्पक्ष और स्वतंत्र पत्रकारिता पर हो रहे प्रहार के साथ जिस तरह विचारों की अभिव्यक्ति की आजादी पर हमले किए जा रहे हैं वह चिंताजनक है। देश भर में सोशल मीडिया पर प्रहार दिखाई दे रहे है। स्टैंड अप कॉमेडी के नाम पर अश्लीलता परोसने वाले जमकर समाज को, सामाजिक रीतियों को ओर हमारी संस्कृति मान्यताओं को कलंकित करते रहे यह भी किसी से छिपा नहीं। सोशल मीडिया के माध्यम से फैल रही अश्लीलता पर सरकार का कोई अंकुश नहीं लेकिन सरकार की गलत ओर जनविरोधी नीतियों के खिलाफ यदि सोशल मीडिया प्लेटफार्म पर आवाज उठाई जाए तो सरकार को नागवार गुजर जाता है और चवन्नी छाप कार्यकर्ता सोशल मीडिया प्लेटफार्म पर आघात करते हैं।

गत दिनों इलाहाबाद हाई कोर्ट सोशल मीडिया पर हो रहे प्रहार पर चिंता जताते हुए कहा है कि सोशल मीडिया पर राजनीतिक दल की आलोचना से किसी की धार्मिक भावना आहत नहीं होती। अभिव्यक्ति की स्वतंत्रता के तहत राजनीतिक आलोचना हर नागरिक का मौलिक अधिकार है। इलाहाबाद हाई कोर्ट के इस निर्णय ने यह स्पष्ट कर दिया है कि सोशल मीडिया पर किसी भी राजनैतिक दल की आलोचना से किसी की धार्मिक भावना आहत नहीं होती है। प्राय: देखने में आ रहा है कि देश भर में पार्टी विशेष के नेता और कार्यकर्ता सोशल मीडिया पर उनकी या उनके नेताओं की आलोचना को पचा नहीं पाते और उसको धार्मिक एंगल देकर पुलिस प्रशासन की आड़ में आवाज दबाने का प्रयास करते हैं। वह नहीं चाहते कि उनकी कारगुज़ारियों का खुले आम प्रदर्शन हो ओर उनकी महिमा मंडन को आघात पहुंचे। भारत के संविधान में अनुच्छेद 19(1)(ए)

के साथ अनुच्छेद 19(2) में भाषण और अभिव्यक्ति की स्वतंत्रता की गारंटी के रूप में मौलिक अधिकार के रूप में प्रेस की स्वतंत्रता को लागू करने और बनाए रखने का अधिकार दिया है। उसी प्रकार आम जन को अपने विचारों को प्रदर्शित करने की स्वतंत्रता का अधिकार संविधान द्वारा प्रदत्त अधिकार है। पत्रकारों के अधिकार भारत के संविधान के अनुच्छेद 19(1)(ए) के तहत संरक्षित हैं। केवल इसलिए कि किसी पत्रकार के लेखन को सरकार की आलोचना के रूप में देखा जाता है, लेखक के खिलाफ आपराधिक मामला नहीं चलाया जाना चाहिए। लेकिन सरकार फिर भी निष्पक्ष पत्रकारिता पर प्रहार से बाज़ नहीं आती। इस प्रकार यह आशा की जाती हैं कि माननीय इलाहाबाद हाई कोर्ट के उस फैसले के बाद सोशल मीडिया पर हो रहे प्रहारों पर अंकुश लगेगा। देश भर के पत्रकार, सोशल मीडिया से जुड़े लोग निश्चिंत होकर सरकार की गलत नीतियों की आलोचना को अपना मौलिक अधिकार मानकर उसका उपयोग करें।

लोकतंत्र के चौथे स्तंभ की रक्षा कैसे हो

लोकतंत्र के चौथे स्तंभ, यानी मीडिया की रक्षा करना एक महत्वपूर्ण काम है। यहाँ कुछ तरीके हैं जिनसे हम मीडिया की रक्षा कर सकते हैं:

1. मीडिया की स्वतंत्रता की रक्षा: मीडिया को स्वतंत्र रूप से काम करने की अनुमति देना और उन्हें किसी भी तरह के दबाव से बचाना।
2. पत्रकारों की सुरक्षा: पत्रकारों को उनके काम के दौरान सुरक्षा प्रदान करना और उनकी जान-माल की रक्षा करना।
3. मीडिया में पारदर्शिता: मीडिया में पारदर्शिता लाने के लिए प्रयास करना, जैसे कि स्रोतों का खुलासा करना और तथ्यों की पुष्टि करना।
4. मीडिया साक्षरता: लोगों को मीडिया साक्षरता के बारे में शिक्षित करना, ताकि वे मीडिया की खबरों का विश्लेषण कर सकें और तथ्यों को समझ सकें।
5. मीडिया विनियमन: मीडिया के लिए नियम और मानक बनाना, जो उनकी स्वतंत्रता और निष्पक्षता की रक्षा करें।
6. पत्रकारिता के मानकों का पालन: पत्रकारों को पत्रकारिता के मानकों का पालन करने के लिए प्रोत्साहित करना, जैसे कि तथ्यों की पुष्टि करना और निष्पक्ष रहना।

(6)

विचारों की अभिव्यक्ति की स्वतंत्रता पर हो रहे हमले और संविधान में नागरिकों के मूल अधिकारों का इतिहास

वर्तमान संदर्भ में देश में निष्पक्ष पत्रकारिता असुरक्षित हो चुकी है। देश भर में पत्रकारों पर हो रहे हमले किसी से छिपे नहीं। निष्पक्ष पत्रकारिता पर लगे ग्रहण के कारण देश भर के पत्रकार अपनी सुरक्षा के प्रति आशंकित हो रहे हैं। अभी कुछ समय पूर्व मध्य प्रदेश के भिंड जिले में पत्रकार उत्पीड़न की घटना ने सम्पूर्ण देश का ध्यान आकर्षित किया। दरअसल भिंड जिले के दो पत्रकारों द्वारा माफियाओं के खिलाफ खबर चलाना महंगा पड़ गया जब पुलिस अधीक्षक द्वारा अपने कार्यालय में बुलाकर अमुक पत्रकारों को अपने अर्दलियों से चप्पलों से पिटवाया और झूठे मामले में फंसा दिया। पत्रकारों को दिल्ली उच्च न्यायालय की शरण के बाद सर्वोच्च न्यायालय की शरण लेनी पड़ी और सर्वोच्च न्यायालय ने सिर्फ उनकी गिरफ्तारी पर आंशिक रोक लगाई वरन मध्य प्रदेश सरकार को नोटिस जारी कर जवाब तलब किया। यह कोई पहला मामला नहीं मध्य प्रदेश में पत्रकार उत्पीड़न के सैकड़ों मामले प्रकाश में आते है और दब जाते हैं लेकिन एक बात जो शाश्वत सत्य है वह है निष्पक्ष पत्रकारिता का असुरक्षित वातावरण।

भारतीय संविधान के अनुच्छेद 19(1)(अ) के तहत अभिव्यक्ति की आजादी का अधिकार है जिसे नागरिकों के मूल अधिकारों में भी शामिल किया गया। वर्ष 2008 में महाराष्ट्र बनाम भाऊराव पंजाबराव गवांडे मामले में सुप्रीम कोर्ट ने कहा कि संविधान निर्माताओं का पहला उद्देश्य एक ऐसा संविधान देना था जिससे एक सरकार स्थापित हो सके, लेकिन उनका दूसरा, उतना ही महत्वपूर्ण उद्देश्य, सरकार से जनता की रक्षा करना था। सुप्रीम कोर्ट ने कहा कि इतिहास और इंसानी अनुभवों ने यह सीख दी है कि लोगों के अधिकारों की रक्षा करना सबसे महत्वपूर्ण है।

हमारे संविधान निर्माताओं ने स्वतंत्रता संग्राम के कड़वे अनुभवों को जिया, और देखा कि एक विदेशी सरकार ने कैसे हमारी जनता के मानव अधिकारों को ज़मीन में रौंदा और उसका हनन किया, जिनको बचाने के लिए पूरे देश ने कड़ा संघर्ष किया।

अमरीकी राष्ट्रपति जेफरसन (Jefferson) की तरह उनका भी यही मानना था कि उनका संघर्ष 'एक चुनी हुई तानाशाही वाली सरकार' स्थापित करना नहीं था। और इसलिए उन्होंने यह

सुनिश्चित किया कि देश के भीतर अराजकता और देश के बाहर आक्रमणों से निपटने के लिए सरकार को जो शक्तियां दी गईं, उनका दुरुपयोग लोगों की आजादी और उनके अधिकार छीनने में ना हो सके" I संविधान लागू होने के कुछ महीनों बाद ही सुप्रीम कोर्ट की एक संविधान पीठ ने 1950 के. सी. रोमेश थापर बनाम मद्रास राज्य "के मामले में कहा कि एक लोकतंत्र में लोगों के पास सरकार की आलोचना करने का अधिकार है। कोर्ट ने कहा, "सरकार के प्रति असंतोष या नकारात्मक भावनाओं वाली आलोचना अभिव्यक्ति या प्रेस की आजादी को समाप्त करने का आधार नहीं हो सकती।"

मद्रास हाई कोर्ट के जस्टिस अब्दुल कुद्दोस ने थिरु एन. राम बनाम भारत संघ, 2020 मामले में ऐतिहासिक फैसले में यही रुख अपनाया। विद्वान जज ने कहा, "लोकतंत्र का एक बहुत महत्वपूर्ण पहलू यह है कि नागरिक अपनी सरकार से ना डरें। उन्हें ऐसी राय व्यक्त करने से डरना नहीं चाहिए जो शायद सत्ता में बैठे लोगों को पसंद ना आए।" उन्होंने आगे कहा, "सरकार की नीतियों की आलोचना राजद्रोह नहीं है, जब तक कि अराजकता या हिंसा ना भड़काई जा रही हो। जस्टिस अब्दुल कुद्दोस ने 1956 के "करतार सिंह बनाम पंजाब राज्य" मामले के सुप्रीम कोर्ट के फैसले का हवाला दिया, और कहा कि सत्ता में बैठे लोगों के अंदर आलोचना सहने की क्षमता होनी चाहिए I"

सुप्रीमसुप्रीम कोर्ट ने खुद को संविधान और जनता के अधिकारों का रक्षक बताया है ? अपने कुछ शुरुआती फैसलों में से एक, 1952 के "वीजी रो बनाम मद्रास राज्य" के मामले में सुप्रीम कोर्ट ने कहा था, "मूल अधिकारों के संबंध में कोर्ट को सतर्क प्रहरी की भूमिका सौंपी गई है" यह बात कई फैसलों में दोहराई गई है, जैसे "आईआर कोएल्हो बनाम तमिलनाडु राज्य" (2007), "नवतेज सिंह जोहर बनाम भारत संघ" (2018), "शक्ति वाहिनी बनाम भारत संघ" (2018), "सी रविचंद्रन अय्यर बनाम जस्टिस एएम भट्टाचार्जी" (1995), "पद्मा बनाम हीरालाल मोतीलाल देसार्दा" (2002), "बचन सिंह बनाम पंजाब राज्य" (1982), "इंदिरा साहनी बनाम भारत संघ" (1992), आदि।

वर्ष 1970 के" घनी बनाम जोन्स "मामले में लॉर्ड डेनिंग ने कहा, " इंग्लैंड के कानून एक व्यक्ति की स्वतंत्रता को इतना महत्व देते हैं कि इसे केवल ठोस आधारों पर रोका या सीमित किया जा सकता है"

"जावेद अहमद हज्जाम बनाम महाराष्ट्र सरकार" (2024) में सुप्रीम कोर्ट ने फिर से इस बात पर जोर दिया कि लोकतंत्र में जनता को सरकार की आलोचना करने का अधिकार है। वैध

और कानूनी तरीके से असहमति का अधिकार उन अधिकारों का अभिन्न हिस्सा है जो अनुच्छेद 19(1)(अ) के तहत जनता को गारंटी के तौर पर दिए गए हैं। सरकार के फैसलों के खिलाफ शांतिपूर्ण विरोध का मौका लोकतंत्र का आवश्यक हिस्सा है। कानूनी तरीके से असहमति दर्ज करने का अधिकार अनुच्छेद 21 के तहत सम्मानजनक और सार्थक जीवन जीने के अधिकार का हिस्सा है।

केशवानंद भारती बनाम केरल राज्य (1973) में 13 न्यायाधीशों की संविधान पीठ के फैसले में, सुप्रीम कोर्ट ने कहा, "संविधान ने न्यायपालिका को लोगों के मौलिक अधिकारों की रक्षा करने का काम सौंपा है"। उस फैसले में, अदालत ने यह भी कहा कि न्यायपालिका संविधान की संरक्षक है और विधायी या कार्यकारी कार्रवाई की जांच कर सकती है, और यही दृष्टिकोण "राष्ट्रीय विधिक सेवा प्राधिकरण बनाम भारत संघ" (2014), "राजा राम पाल बनाम माननीय अध्यक्ष" (2007) आदि में भी लिया गया है।

सुप्रीम कोर्ट में जस्टिस अभय एस. ओका और उज्जल भुइयां की पीठ ने मामले की सुनवाई के दौरान संविधान के अनुच्छेद-19 (1) (ए) के तहत भाषण और अभिव्यक्ति की आजादी के मौलिक अधिकार को संरक्षित करने के महत्व पर जोर दिया। पीठ ने कहा कि जब बात भाषण और अभिव्यक्ति की आजादी की बात आती है, तो इसे संरक्षित करना होगा। जस्टिस ओका ने कहा कि मुकदमा दर्ज करने से पहले पुलिस को कुछ संवेदनशीलता दिखानी होगी। उन्होंने कहा कि देश में संविधान लागू हुए 75 साल हो गए, पुलिस को न सिर्फ संविधान के अनुच्छेदों को पढ़ना और समझना चाहिए बल्कि भाषण और अभिव्यक्ति की स्वतंत्रता भी समझनी होगी।

(7)

भाषण और अभिव्यक्ति की स्वतंत्रता को पुलिस को भी समझना होगा

वर्तमान समय में भाषण और अभिव्यक्ति की स्वतंत्रता पर जिस प्रकार शासन प्रशासन और सत्ता के दबाव में पुलिस द्वारा हमला किया जा रहा है वह किसी से छिपा नहीं है। देश भर में निष्पक्ष पत्रकारिता हो या आलोचनात्मक टिप्पणी सरकार के इशारे पर पुलिस द्वारा जिस प्रकार आवाज को दबाने के लिए प्रयास किए जा रहे हैं वह निंदनीय है। गौरतलब हो कि विश्वसनीय लोकतांत्रिक समाज सुनिश्चित करने के लिए मीडिया को अपने कर्तव्यों को सच्चाई और जिम्मेदारी से निभाना चाहिए परन्तु जब मीडिया अपनी जिम्मेदारी और कर्तव्यों का निर्वाहन करता है तो उसको दमनकारी नीति का सामना करना पड़ता है। देश में कई बार सुप्रीम कोर्ट द्वारा इस पर ध्यानाकर्षित करते हुए तल्ख टिप्पणी की है। लेकिन सत्ता के संरक्षण में शासन प्रशासन और पुलिस जिस प्रकार का व्यवहार करती है वह असंवैधानिक होता है।

देश की सर्वोच्च न्यायालय निष्पक्ष पत्रकारिता की रक्षा करती है वहीं सरकार सर्वोच्च न्यायालय के दिशा निर्देश के विपरीत आचरण करती है। जो चिंता का विषय है। इसी संदर्भ में गत दिनों कांग्रेस नेता ओर राज्यसभा सदस्य इमरान प्रतापगढ़ी के विरुद्ध एक मामले पर विचारण उपरांत सुप्रीम कोर्ट ने सत्ता के संरक्षण में पुलिस द्वारा बरते जा रहे व्यवहार पर नाराज़गी जताते हुए कहा कि देश में संविधान लागू होने के 75 साल बाद 'भाषण और अभिव्यक्ति की स्वतंत्रता' को कम से कम पुलिस को समझनी होगी।

पुलिस को संविधान के अनुरूप आचरण अपनाना चाहिए लेकिन पुलिस खुद संविधान का पालन नहीं करती। सुप्रीम कोर्ट में जस्टिस श्री अभय एस. ओका और श्री उज्जल भुइयां की पीठ ने मामले की सुनवाई के दौरान संविधान के अनुच्छेद-19 (1) (ए) के तहत भाषण और अभिव्यक्ति की आजादी के मौलिक अधिकार को संरक्षित करने के महत्व पर जोर दिया। पीठ ने कहा कि जब बात भाषण और अभिव्यक्ति की आजादी की बात आती है, तो इसे संरक्षित करना होगा। जस्टिस ओका ने कहा कि मुकदमा दर्ज करने से पहले पुलिस को कुछ संवेदनशीलता दिखानी होगी। उन्होंने कहा कि देश में संविधान लागू हुए 75 साल हो गए, पुलिस को न सिर्फ संविधान के अनुच्छेदों को पढ़ना और समझना चाहिए बल्कि भाषण और अभिव्यक्ति की स्वतंत्रता भी समझनी होगी।

गौरतलब हो कि सत्ता शासन ओर राजनेताओं के इशारे पर आलोचनात्मक टिप्पणी हो या अन्य कोई संदेश चाहे वह कार्टून की शक्ल में हो या कविता के रूप में जहां सत्ता ओर शासन के विरुद्ध टिप्पणी या आलोचना सामने आती है तो पुलिस बिना विवेक ओर प्रकिया का प्रयोग किए बिना अपनी शक्ति का दुरुपयोग करने से बाज़ नहीं आती है। ओर मुकदमा दर्ज करने से पहले न तो संवेदनशीलता का उपयोग करती है और न ही प्रकिया का पालन करती है, नतीजा यह निकलता है कि पुलिस अपनी शक्ति का दुरुपयोग करके सीधे मुकदमा दर्ज कर लेती है। परिणामस्वरूप प्रकरण के विचारण उपरांत न्यायालय को हस्तक्षेप करना होता है और वादी याची को आवश्यक पीड़ा के बाद न्यायालय से उपचार तो मिलता है लेकिन उससे पूर्व सैकड़ों परेशानियों से गुजरना पड़ता है। देश में सैकड़ों ऐसे मामले सामने आ रहे हैं जहां पुलिस शिकायतों की जांच या सच्चाई को जाने बगैर प्राथमिकी दर्ज करने में देर नहीं करती। ऐसे में सुप्रीम कोर्ट की टिप्पणी के बाद भाषण और अभिव्यक्ति की स्वतंत्रता को पुलिस को भी समझना होगा मात्र राजनेताओं की जी हुजूरी करने या दबाव की नीति के बल पर भाषण और अभिव्यक्ति की स्वतंत्रता का हनन करने से पुलिस को बाज आना होगा। भाषण और अभिव्यक्ति की स्वतंत्रता की रक्षा के लिए पुलिस को संविधान के अनुरूप आचरण अपनाना होगा ताकि जनमानस के संवैधानिक अधिकारों का हनन न हो पाए।

पत्रकार सुरक्षा कानून

पत्रकार सुरक्षा कानून एक महत्वपूर्ण मुद्दा है जो पत्रकारों के अधिकारों और सुरक्षा की रक्षा करने के लिए है। यह कानून पत्रकारों को अपने काम के दौरान होने वाले खतरों और हमलों से बचाने के लिए है।

पत्रकार सुरक्षा कानून के मुख्य बिंदु :

1. पत्रकारों की सुरक्षा : पत्रकारों को अपने काम के दौरान होने वाले हमलों और धमकियों से बचाने के लिए विशेष सुरक्षा प्रदान करना।
2. पत्रकारों के अधिकार : पत्रकारों के अधिकारों की रक्षा करना, जैसे कि अभिव्यक्ति की स्वतंत्रता और जानकारी प्राप्त करने का अधिकार।
3. पत्रकारों के लिए समर्थन : पत्रकारों को अपने काम के दौरान होने वाली चुनौतियों का सामना करने के लिए समर्थन प्रदान करना।

(8)

अमृत काल में अपराधियों का महिमामंडन देश की अस्मिता पर कलंक

गत दिनों कर्नाटक से आई ख़बर ने फिर एक बार अमृतकाल में अपराधियों के महिमामंडन को उजागर कर दिया। गुजरात की बिल्किस बानो की घटना के बाद शहीद पत्रकार गौरी लंकेश के 2 हत्यारोपी को कोर्ट से मिली जमानत के बाद उनके समर्थकों द्वारा किए गए भव्य स्वागत की घटना ने इंसानियत को शर्मसार कर दिया। यही हाल गुजरात की बिल्किस बानो मामले में सामने आई थी जिसमें दुराचार और हत्या के आरोपियों की कथित रिहाई के बाद उनका भव्य स्वागत किया गया था। गौरतलब हो कि निष्पक्ष पत्रकारिता की संवाहक और दक्षिणपंथी उग्रवाद की कट्टर विरोधी महिला पत्रकार गौरी लंकेश की हत्या 5 सितंबर 2017 को उनके बेंगलुरु स्थित घर के बाहर दक्षिणपंथी उग्रवाद के उपासक अज्ञात हमलावरों ने कर दी थी। शर्म की बात है कि गौरी लंकेश की हत्या पर दक्षिण पंथी उग्रवादियों द्वारा पूरे प्रदेश में जश्न मनाया गया था। गौरी लंकेश की हत्या की इस घटना ने पूरे देश में आक्रोश पैदा कर दिया था और पूरे देश में गौरी लंकेश को न्याय दिलाने की मांग उठी थी। जिस पर तत्कालीन कर्नाटक सरकार के उस समय के मुख्यमंत्री सिद्धारमैया के नेतृत्व में गौरी लंकेश की हत्या के आरोपियों के मुकदमे में तेजी लाने के लिए दिसंबर 2023 में एक विशेष अदालत का गठन किया था। विशेष अदालत ने तमाम गवाहों, सुबूतों के आधार पर शहीद पत्रकार गौरी लंकेश की हत्या में शामिल दक्षिणपंथी उग्रवाद के उपासक परशुराम वाघमोरे, मनोहर यादव, अमोल काले, राजेश डी बंगेरा, वासुदेव सूर्यवंशी, रुशिकेश देवडेकर, गणेश मिस्किन और अमित रामचंद्र बद्दी को हत्या का आरोपी माना था।

कर्नाटक के बेंगलुरु सत्र न्यायालय द्वारा दी गई सजा के छह साल की लंबी हिरासत के बाद आरोपी परशुराम वाघमोरे और मनोहर यादव की 11 अक्टूबर को परप्पना अग्रहारा जेल से रिहाई हो गई है। रिहा होने के बाद हत्यारे अपने गृहनगर विजयपुरा लौटे। जहां स्थानीय हिंदू समर्थक समूहों ने उनका भव्य स्वागत किया। माला पहनाकर, नारंगी शॉल ओढ़ाकर और नारे लगाकर उनका सम्मान किया गया। अपनी रिहाई के बाद दोनों ने छत्रपति शिवाजी की प्रतिमा पर श्रद्धांजलि अर्पित की और फिर कालिका मंदिर में जाकर प्रार्थना की। गौरतलब हो कि हत्यारे परशुराम वाघमोरे और मनोहर यादव की रिहाई के बाद इस मामले के कई अन्य आरोपियों की

रिहाई के रास्ते खुल गए हैं। विजयपुरा में हिंदू समर्थक समूहों द्वारा वाघमोरे और यादव का जोरदार स्वागत इस मामले की विवादास्पद प्रकृति को दर्शाता है। पारंपरिक प्रतीकों और धार्मिक रीति-रिवाजों के साथ यह स्वागत न केवल रिहाई पर खुशी का प्रतीक था। बल्कि इसके माध्यम से स्थानीय समुदाय ने इस घटना पर अपनी भावनाओं को व्यक्त किया है। यहां मुद्दा कोर्ट द्वारा दी गई जमानत का नहीं है, बात है आरोपियों की रिहाई के बाद उनके महिमा मंडन, स्वागत सत्कार की बात है हिंदूवादी संगठनों द्वारा उनकी गिरफ्तारी को असंवैधानिक बताने की सवाल की। अब सवाल यह उठता है कि यदि यह लोग गौरी लंकेश के हत्यारे नहीं थे तो गौरी लंकेश की हत्या किसने की ? सवाल यह है कि गौरी लंकेश के हत्यारों को कांग्रेस शासित सरकार के समय में ही रिहाई क्यों मिली, जबकि पिछली भाजपा सरकार उनको जमानत देकर अपना वोट बैंक मजबूत कर चुकी थीं, सवाल यह है कि हत्यारों की रिहाई का किसको ज्यादा लाभ मिलेगा। मगर इस सबसे हटकर एक बात गौर करने लायक यह है कि अमृत काल में अपराधियों का महिमामंडन क्या सही होगा। क्या यह सब देश की अस्मिता पर कलंक साबित नहीं होगा। जो भी हो बिल्किस बानो मामले के बाद गौरी लंकेश के मामले में हत्यारों की रिहाई पर जश्न एक सुलगता सवाल है जो न्यायतंत्र सहित लोकतंत्र के लिए अशुभ संकेत है।

मानव अधिकार संरक्षण कैसे हो

मानव अधिकार संरक्षण एक महत्वपूर्ण विषय है जो हमारे समाज में सभी व्यक्तियों के लिए समानता, न्याय और गरिमा सुनिश्चित करने से संबंधित है। मानव अधिकारों की रक्षा करने के लिए कई तरीके हो सकते हैं:

1. शिक्षा और जागरूकता : लोगों को मानव अधिकारों के बारे में शिक्षित करना और उन्हें अपने अधिकारों के प्रति जागरूक करना महत्वपूर्ण है। इससे वे अपने अधिकारों की रक्षा कर सकते हैं और दूसरों के अधिकारों का सम्मान कर सकते हैं।
2. कानूनी संरक्षण : मानव अधिकारों की रक्षा के लिए मजबूत कानूनी ढांचे की आवश्यकता होती है। सरकारों और न्यायपालिका को मानव अधिकारों की रक्षा के लिए प्रभावी कानून बनाने और उनका पालन सुनिश्चित करने की आवश्यकता है।
3. सामाजिक समर्थन : मानव अधिकारों के हनन के मामलों में पीड़ितों को सामाजिक समर्थन प्रदान करना महत्वपूर्ण है। इससे उन्हें न्याय प्राप्त करने में मदद मिल सकती है और उनके अधिकारों की रक्षा हो सकती है।

अध्याय - 2

1. पत्रकारों से सूत्र पूछने का पुलिस को कोई अधिकार नहीं
2. पत्रकारिता की न्यूनतम योग्यता के मापदंड का अभाव, पत्रकारिता के गिरते स्तर का जिम्मेदार
3. पत्रकारिता की आचार संहिता जिसका अनुपालन नितांत आवश्यक है
4. सहमति और असहमति लोकतंत्र के दो खूबसूरत औजार हैं

(1)

पत्रकारों से सूत्र पूछने का पुलिस को कोई अधिकार नहीं

सूत्रों के हवाले से खबर लिखने वाले पत्रकारों के लिए गत दिनों एक अच्छी खबर आई थी। सुप्रीम कोर्ट ने एक बार फिर से पुलिस विभाग और प्रशासनिक अधिकारियों पर जमकर निशाना साधा था। सुप्रीम कोर्ट के तत्कालीन मुख्य न्यायाधीश न्यायमूर्ति धनंजय यशवंत चंद्रचूड़ की बेंच ने पुलिस को भारतीय संविधान के आर्टिकल 19 और 22 की याद दिलाई थी। चीफ जस्टिस ने कहा था कि, 'पत्रकारों के मौलिक अधिकारों की स्वतंत्रता के खिलाफ पुलिस किसी भी पत्रकार से उनकी खबरों के लिए सूत्र नहीं पूछ सकती है। यहां तक की कोर्ट भी उन्हें ऐसा करने के लिए बाध्य नहीं कर सकता।' चीफ जस्टिस ने कहा था कि, 'आजकल ये देखने को मिल रहा है कि बिना किसी ठोस सबूत और बिना जांच के पत्रकारों के खिलाफ मुकदमे दर्ज कर लिए जाते हैं।

श्रेष्ठ बनने के चक्कर में पुलिस पत्रकारों की स्वतंत्रता का हनन कर रही है।' आपको बता दें कि सूत्रों के हवाले से चलने वाली खबरों के कई मामले कोर्ट में जा चुके हैं। कोर्ट ने पत्रकारों से खबरों के सूत्र बताने का आदेश भी दे चुके हैं लेकिन चीफ जस्टिस ऑफ इंडिया के इस फैसले के बाद मीडिया जगत में उत्साह है। जानकारी के लिए बता दें कि हमारे देश में किसी विशेष कानून के जरिए पत्रकारों को अधिकार हासिल नहीं हैं। पत्रकारों के लिए अभिव्यक्ति की आजादी का अधिकार बाकी नागरिकों की तरह संविधान के अनुच्छेद 19 (1) (इ) के अंतर्गत ही मिले हुए हैं। पत्रकारों को अपने सूत्र को गोपनीय रखने का अधिकार प्रेस काउंसिल ऑफ इंडिया एक्ट 1978 के तहत मिला हुआ है। इसमें 15 (2) सेक्शन में साफ तौर पर लिखा हुआ है कि किसी भी पत्रकार को खबरों के सूत्र की जानकारी के लिए कोई बाध्य नहीं कर सकता लेकिन प्रेस काउंसिल ऑफ इंडिया के नियम कानून कोर्ट में लागू नहीं होते हैं। इसके आधार पर कोर्ट में किसी तरह की छूट की मांग नहीं की जा सकती है।

(2)

पत्रकारिता की न्यूनतम योग्यता के मापदंड का अभाव, पत्रकारिता के गिरते स्तर का जिम्मेदार

वैसे तो देश के हर नागरिक को भारतीय संविधान के अनुच्छेद 19(1)(अ) के तहत अभिव्यक्ति की आजादी का अधिकार प्राप्त है, जिसे नागरिकों के मूल अधिकारों में भी शामिल किया गया। समाज के अन्य वर्गों के मुकाबले इस अधिकार को रक्षा कवच के रूप में पत्रकार बिरादरी अत्यधिक उपयोग करती है। लेकिन संवैधानिक अधिकार की श्रेणी में होने के कारण पत्रकारिता के लिए आजादी के पूर्व से लेकर आज दिनांक तक किसी न्यूनतम योग्यता को निर्धारित नहीं किया गया। जिसका परिणाम यह हो रहा है देश भर ऐसे लाखों लोग पत्रकारिता कर रहे हैं जिनकी शिक्षा दीक्षा, पत्रकारिता की न्यूनतम योग्यता के मापदंड निर्धारित नहीं देखा जा रहा है। जिसके कारण पत्रकारिता की स्थिति चिंताजनक होती जा रही है। ऐसा नहीं है कि पत्रकारिता की न्यूनतम योग्यता के मापदंड की आवश्यकता नहीं है और इस स्थिति से शासन तंत्र अनभिज्ञ हो। इसी बात की चिंता करते हुए भारतीय प्रेस परिषद के भूतपूर्व अध्यक्ष माननीय जस्टिस मार्कडेय काटजू ने अपने कार्यकाल में पत्रकारिता की न्यूनतम योग्यता तय करने के लिये एक समिति गठित की थी।

लेकिन एक लंबे अंतराल बाद भी उक्त समिति की कोई रिपोर्ट नज़र नहीं आई तो प्रेस क्लब ऑफ वर्किंग जर्नलिस्ट्स ने भारतीय प्रेस परिषद में सूचना का अधिकार अधिनियम के अंतर्गत आवेदन पत्र प्रस्तुत कर उक्त समिति के संबंध में जानकारी चाही तो मिली जानकारी से यह साबित हो गया कि भारतीय प्रेस परिषद पत्रकारिता के गिरते स्तर के लिए खुद भी जिम्मेदार है।

गौरतलब हो कि प्रेस क्लब ऑफ वर्किंग जर्नलिस्ट्स द्वारा भारतीय प्रेस परिषद को सूचना का अधिकार अधिनियम के अंतर्गत भेजे गए आवेदन पत्र का जवाब देते हुए संबंधित लोक सूचना अधिकारी ने लिखित रूप में बताया कि अनुरोधित जानकारी भारतीय प्रैस परिषद के रिफ्रेन्स अनुभाग (Reference Section) के पास उपलब्ध नहीं है। उन्होंने यह भी लिखा कि यह जानकारी PCI के विधि अनुभाग (Legal Section) के पास उपलब्ध हो सकती है।

प्रेस कौंसिल ऑफ इंडिया के अनियमित आचरण का ही परिणाम है कि आजादी के 77साल बाद भी जब एक चपरासी की न्यूनतम योग्यता निर्धारित है लेकिन पत्रकारिता की न्यूनतम योग्यता

आज तक निर्धारित नहीं है। पत्रकारिता की न्यूनतम योग्यता के मापदंड के अभाव में पत्रकारिता का गिरता स्तर चिन्ता का विषय है।

पत्रकार सुरक्षा कानून की आवश्यकता :

1. पत्रकारों की सुरक्षा : पत्रकारों को अपने काम के दौरान होने वाले खतरों से बचाने के लिए।
2. पत्रकारिता की स्वतंत्रता : पत्रकारिता की स्वतंत्रता की रक्षा करने के लिए।
3. जिम्मेदार पत्रकारिता : पत्रकारों को जिम्मेदार और नैतिक पत्रकारिता के लिए प्रोत्साहित करना।

पत्रकार सुरक्षा कानून के लिए प्रयास :

1. पत्रकार संगठनों का प्रयास : पत्रकार संगठनों द्वारा पत्रकार सुरक्षा कानून के लिए प्रयास करना।
2. सरकारी समर्थन : सरकार से पत्रकार सुरक्षा कानून के लिए समर्थन प्राप्त करना।
3. सामाजिक जागरूकता : समाज में पत्रकार सुरक्षा कानून के महत्व के बारे में जागरूकता फैलाना।

पत्रकार सुरक्षा कानून एक महत्वपूर्ण मुद्दा है जो पत्रकारों के अधिकारों और सुरक्षा की रक्षा करने के लिए है। इसके लिए प्रयास करना और समर्थन प्रदान करना आवश्यक है।

(3)

पत्रकारिता की आचार संहिता जिसका अनुपालन नितांत आवश्यक है

वर्तमान संदर्भ में यदि पत्रकारिता की बात की जाए तो वह पथ भ्रष्ट हो गई कहा जाए तो अतिशयोक्ति नहीं होगी। खबरिया चैनलों पर जिस प्रकार का उत्पात देखा जा रहा है वह किसी से छिपा नहीं। फर्जी और अप्रमाणित खबरों का प्रसारण प्रकाशन करके टी आर पी बढ़ाने की अंधी होड़ ने पत्रकारिता में से नैतिकता को निकाल डाला है।

खबरिया चैनलों के न्यूज एंकर्स जिस प्रकार की स्तरहीन खबरें चलाते हैं उनको समाज पर उसके प्रभाव से कोई सरोकार नहीं है। जबकि पत्रकारिता की आचार संहिता खबरों में सत्यनिष्ठा, निष्पक्षता, सटीकता और सार्वजनिक हित का होना नितांत आवश्यक है। लेकिन उसके विपरीत आचरण अपनाया जा रहा है जो पत्रकारिता की विश्वसनीयता पर आघात है, यही कारण है कि देश वासी मुख्य धारा से जुड़े खबरिया चैनलों, समाचार पत्रों से दूर जा चुके है जिसका अर्थ यह है कि जनमानस के पटल पर वर्तमान पत्रकारिता की छबि धूमिल हो चुकी है।

वर्तमान समय में निष्पक्ष पत्रकारिता पर हो रहे हमलों के बीच पत्रकारों की एक ऐसी भी बिरादरी का उदय हुआ है जिनको पत्रकारिता के मापदंड, शक्ति, अधिकार तथा उसके मूल्य से कोई सरोकार नहीं है। उनका ध्येय केवल और केवल सनसनी फैलाना, भय का माहौल निर्मित करना तथा अपने चैनल्स की टीआरपी बढ़ाना।

यह रोग अक्सर प्रिंट मीडिया के मुकाबले इलेक्ट्रानिक मीडिया, न्यूज चैनल्स में अधिक देखी जा रही है। सुप्रीम कोर्ट द्वारा हेट स्पीच मामले में ऐसे ही चैनल्स के पर कतरे थे। हम पत्रकारिता की आचार संहिता से अवगत कराने का प्रयास कर रहे हैं ताकि पत्रकारिता के उचित मापदंड स्थापित होकर निष्पक्ष पत्रकारिता का पुनः उदय हो फिर से पत्रकारिता का खोया हुआ महत्व स्थापित हो।

फिर से जनमानस के बीच पत्रकरिता की अस्मिता को बचाने का प्रयास हो। निष्पक्ष पत्रकारिता जीवित हो तथा पत्रकारों तथा पत्रकारिता पर हो रहे हमलों को रोका जा सके। आइए हम आपको पत्रकारिता की आचार संहिता से रूबरू कराते हैं और बताते हैं कि प्रेस कौंसिल ऑफ इंडिया की पत्रकारिता की आचार संहिता के संबंध में क्या नीति क्या निर्देश हैं।

पत्रकारिता की आचार संहिता

पत्रकारिता की आचार संहिता, जिसे पत्रकारिता नैतिकता भी कहा जाता है, पत्रकारिता में काम करने वाले लोगों के लिए दिशा-निर्देशों का एक समूह है, जो उन्हें अपने काम को नैतिक रूप से करने में मदद करता है। ये दिशा-निर्देश सत्यनिष्ठा, निष्पक्षता, सटीकता और सार्वजनिक हित को बनाए रखने पर जोर देते हैं।

पत्रकारिता की आचार संहिता के मुख्य सिद्धांत

सत्यनिष्ठा :

पत्रकारिता का मूल सिद्धांत सत्यनिष्ठा है। पत्रकारों को तथ्यों को सटीक रूप से प्रस्तुत करना चाहिए और किसी भी प्रकार के पूर्वाग्रह या पक्षपात से बचना चाहिए।

निष्पक्षता :

पत्रकारों को निष्पक्ष और निष्पक्ष होना चाहिए। उन्हें सभी दृष्टिकोणों को समान रूप से प्रस्तुत करना चाहिए और किसी भी पक्ष या हित के प्रति पक्षपात नहीं करना चाहिए।

सटीकता :

पत्रकारों को तथ्यों को सटीक रूप से प्रस्तुत करना चाहिए। उन्हें गलत सूचना या भ्रामक जानकारी फैलाने से बचना चाहिए।

सार्वजनिक हित :

पत्रकारों को सार्वजनिक हित में काम करना चाहिए। उन्हें ऐसी जानकारी प्रदान करनी चाहिए जो जनता के लिए उपयोगी और प्रासंगिक हो।

गोपनीयता :

पत्रकारों को स्रोतों की गोपनीयता का सम्मान करना चाहिए। उन्हें स्रोतों को तब तक गुप्त रखना चाहिए जब तक कि वे सार्वजनिक रूप से अपनी पहचान प्रकट करने के लिए सहमत न हों।

जिम्मेदारी :

पत्रकारों को अपने कार्यों के लिए जिम्मेदार होना चाहिए। उन्हें अपनी गलतियों को स्वीकार करना चाहिए और उन्हें सुधारने के लिए कदम उठाने चाहिए।

सम्मान :

पत्रकारों को सभी व्यक्तियों का सम्मान करना चाहिए, चाहे उनकी पृष्ठभूमि या राय कुछ भी हो।

उत्पीड़न से मुक्ति :

पत्रकारों को उत्पीड़न से मुक्त होना चाहिए। उन्हें किसी भी प्रकार के उत्पीड़न या भेदभाव से

बचना चाहिए।

(भारतीय प्रेस परिषद प्रेस कौंसिल ऑफ इंडिया) द्वारा निर्धारित आचार संहिता के कुछ मानक

(भारतीय प्रेस परिषद प्रेस कौंसिल ऑफ इंडिया) द्वारा निर्धारित आचार संहिता के कुछ मानक निर्धारित किए हैं जो देश भर के पत्रकारों पर अधिरोपित होते हैं तथा जिनका अनुपालन नितांत आवश्यक है।

1/ पत्रकारों को तथ्यों को सटीक रूप से प्रस्तुत करना चाहिए : पत्रकारों को अपने प्रकाशित, प्रसारित समाचारों में इस बात का विशेष ध्यान रखना चाहिए कि उसमें प्रस्तुत तथ्य सटीक और प्रमाणिक हों ताकि जनमानस को लाभ मिले।

2/ समाचार देते समय पत्रकार न्यायनिष्ट रहें : समाचार प्रकाशन से पूर्व पत्रकार को संबंधित समाचार के संबंध में न्यायनिष्ट आचरण अपनाना चाहिए। ताकि जनमानस के बीच पत्रकारिता की अस्मिता कायम रहे।

3/पत्रकारों को निष्पक्ष होना चाहिए। वर्तमान संदर्भ में जिस प्रकार निष्पक्ष पत्रकारिता पर हमले हो रहे हैं तथा पत्रकारिता की विश्वसनीयता पर प्रश्न चिन्ह लग रहे हैं उसमें निष्पक्षता का आभाव दृष्टिगत हो रहा हैं। पत्रकारों को अपने समाचारों के प्रकाशन, प्रसारण में निष्पक्षता का प्रदर्शन करना चाहिए।

3/पत्रकारों को सार्वजनिक हित में काम करना चाहिए। पत्रकारिता के सिद्धांतों में सार्वजनिक हित का अत्यधिक महत्व है। पत्रकारों को अपने समाचारों के प्रकाशन, प्रसारण में सार्वजनिक हित का विशेष ध्यान रखना चाहिए।

4/ पत्रकारिता के माध्यम से व्यक्तिगत हितों का पोषण न करें : समाचार प्रकाशन में व्यक्तिगत हितो से अधिक सार्वजनिक हितों को महत्ता दिया जाए। हमेशा यह प्रयास हो कि पत्रकारिता के माध्यम से व्यक्तिगत हितों का पोषण न हो।

5/ जातीय, धार्मिक और आर्थिक मामलों पर लिखते समय विशेष सावधानी और निष्पक्षता बरती जाये :पत्रकार को ऐसे संवेदनशील मुद्दों पर विशेष सावधानी बरतनी चाहिए। ऐसा न हो कि उनके समाचार से जातीय, धार्मिक और आर्थिक मामलों पर प्रतिकूल प्रभाव पड़े जो समाज तथा देश के लिए हानिकारक हो।

6/ समाचारों में तथ्यों को तोडा मरोड़ा न जाये न कोई सूचना छिपायी जाये :समाचार को सनसनीखेज बनाने के चक्कर में समाचारों में तथ्यों को तोड मरोड़ कर प्रकाशित न जाये न कोई

ऐसी सूचना छिपायी जाये जिसको उजागर करना समाज तथा। देश के लिए आवश्यक हो।

7/ व्यावसायिक गोपनीयता का निष्ठा से अनुपालन: गोपनीयता बनाए रखते हुए समाचार प्रकाशित किया जाए।

8/ पत्रकार अपने पद और पहुंच का उपयोग गैर पत्रकारीय कार्यो के लिए न करें :पत्रकारिता की आचार संहिता का सबसे महत्वपूर्ण नियम यह है कि पत्रकारिता में पत्रकार अपने पद और पहुंच का उपयोग गैर पत्रकारीय कार्यो के लिए न करें। जिसके कारण सम्पूर्ण पत्रकारिता पर कलंक लगे। रिश्वत लेकर समाचार छापना या न छापना अवांछनीय, अमर्यादित और अनैतिक है।

9/ किसी के व्यक्तिगत जीवन के बारे में अफवाह फैलाने के लिए पत्रकारिता का उपयोग नहीं कियाजाये। यह पत्रकारिता की मर्यादा के खिलाफ है। अगर ऐसा समाचार छापने के लिए जनदबाव हो तो भी पत्रकार पर्याप्त संतुलित रहे।

10/ पत्रकारों को स्रोतों की गोपनीयता का सम्मान करना चाहिए।

11/पत्रकारों को अपने कार्यों के लिए जिम्मेदार होना चाहिए।

पत्रकारों को सभी व्यक्तियों का सम्मान करना चाहिए।

पत्रकारों को उत्पीड़न से मुक्त होना चाहिए।

गौर तलब हो कि कुछ साल पहले देश के अभूतपूर्व राष्ट्रपति एपीजे अव्दुल कलाम के हस्ताक्षर से एडीटर्स गिल्ड आफ इंडिया ने एक पत्रकार व्यवहार संहिता भी जारी की थी। इसमें भी काफी मनन के बाद कई बिंदुओं को शामिल किया गया था। जिसकी कुछ प्रमुख बातें इस प्रकार हैं-

1/ पर्याप्त समय सीमा के तहत पीड़ित पक्ष को अपना जवाब देने या खंडन करने का मौका दें।

2/ किसी व्यक्ति के निजी मामले को अनावश्यक प्रचार देने से बचें।

3/ किसी खबर में लोगों की दिलचस्पी बढ़ाने के लिए उसमें अतिशयोक्ती से बचें।

4/निजी दुख वाले दृश्यों से संबंधित खबरों को मानवीय हित के नाम पर आंख मूंद कर न परोसा जाये। मानवाधिकार और निजी भावनाओं की गोपनीयता का भी उतना ही महत्व है।

5/धार्मिक विवादों पर लिखते समय सभी संप्रदायों और समुदायों को समान आदर दिया जाना चाहिए।

6/ अपराध मामलो में विशेषकर सेक्स और बच्चों से संबंधित मामले में यह देखना जरूरी है कि कहीं रिपोर्ट ही अपने आप में सजा न बन जाये और किसी जीवन को अनावश्यक बर्बाद न कर दे।

7/चोरी छिपे सुनकर (और फोटो लेकर) किसी यंत्र का सहारा लेकर, किसी के निजी टेलीफोन पर बातचीत को पकड़ कर, अपनी पहचान छिपा कर या चालबाजी से सूचनाएं प्राप्त नहीं की जायें। सिर्फ जनहित के मामले में ही जब ऐसा करना उचित है और सूचना प्राप्त करने का कोई और विकल्प न बचा हो तो ऐसा किया जाये। पत्रकारिता की आचार संहिता के महत्वपूर्ण नियमों का अनुपालन निष्पक्ष और स्वतंत्र पत्रकारिता का महत्त्वपूर्ण आयाम है जिसके आभाव में पत्रकारिता की अस्मिता को आघात पहुंचता है।

(4)

सहमति और असहमति लोकतंत्र के दो खूबसूरत औजार हैं

वर्तमान संदर्भ में जिस तरह अभिव्यक्ति की स्वतंत्रता पर आघात देखने में आ रहे हैं उसे भारतीय संविधान के अनुच्छेद 19(1) (क) में मूल अधिकार के अंतर्गत अभिव्यक्ति की स्वतंत्रता दोहन कहा जाए तो अतिश्योक्ति नहीं होगी। आज जिस प्रकार शासन सत्ता में बैठे लोग लोकतंत्र के चौथे स्तंभ पर हो रहे हमलों पर खामोश बैठे हैं वह आश्चर्यजनक है। मुझे याद है किप्रधानमंत्री नरेंद्र मोदी ने पहली बार सत्ता संभालने के एक माह बाद जून 2014 में कहा था, 'अगर हम बोलने व अभिव्यक्ति की स्वतंत्रता की गारंटी नहीं देंगे तो हमारा लोकतंत्र नहीं चलेगा। आज उनके सत्ता में आने के 11साल का संपूर्ण देश में जश्न मनाया जा रहा है लेकिन क्या वास्तव में जून 2014को प्रधानमंत्री जी द्वारा दिए भाषण का वर्तमान में कोई अंश मात्र भी अमल हो रहा है? यदि हम बीते 11 साल के पत्रकारिता पर हुए हमलों का इतिहास देखेंगे तो शासन सत्ता के प्रति असहमति को कुचला जा रहा है। असहमति और अभिव्यक्ति के अधिकार का दोहन हो रहा है। गौर तलब हो कि लोकतंत्र में विचार और अभिव्यक्ति की स्वतंत्रता बुनियादी मूल्य हैं और लोकतंत्र की खूबसूरती है असहमति से है, और संविधान में इन्हें कहीं अधिक महत्व दिया गया है। यह जरूरी नहीं कि शासन तंत्र और सत्ता की हर गतिविधि या उपलब्धि पर सहमति ही अनिवार्य है, स्वच्छ और स्वतंत्र लोकतंत्र में असहमति का होना नितांत आवश्यक है।

भारत का संविधान दुनिया का सबसे बड़ा और जनता के लिए निहायत उदार दृष्टि से भरा है। इसी संविधान के भीतर अनुच्छेद 19(1)(क) में मूल अधिकार के अंतर्गत अभिव्यक्ति की स्वतंत्रता निहित है जो न केवल लोक सशक्तीकरण का पर्याय है, बल्कि शासन व्यवस्था को लोकहित में सामंजस्य बनाए रखने का अनूठा काम भी करता है। सहमति और असहमति लोकतंत्र के दो खूबसूरत औजार हैं। इनमें से एक तभी बेहतर होता है जब दूसरा सक्रिय होता है और जब देश में प्रजातांत्रिक मूल्यों को मजबूती के साथ लोकहित की जद में अंतिम व्यक्ति भी शामिल होता है तो देश का नागरिक असहमति से सहमति की ओर स्वयं गमन कर लेता है। जाहिर है असहमतियों का दमन लोकतंत्र के लिए सुखद नहीं है। एक सभ्य और सहिष्णु समाज के निर्माण के लिहाज से असहमतियों को भी स्थान मिलना चाहिए।

देश में अभिव्यक्ति की सीमा के संदर्भ में चिंतन होना चाहिए। वैसे संविधान के अनुच्छेद 19(2) में कुछ अभिव्यक्तियों में पाबंदी की बात है। मौजूदा समय में अभिव्यक्ति के कई आयाम देखे जा सकते हैं। आज जिस तरह से इंटरनेट मीडिया सुगमता से लोगों की पहुंच में है, वह अभिव्यक्ति की असीम ताकत बन गई है। इसकी अभिव्यक्ति की सीमा को लेकर कई बार सरकार भी असमंजस में रही है और इस पर आंशिक पाबंदी की खबरें भी सामने आती रही हैं। सरकारें आती और जाती रहेंगी, मगर लोकतंत्र कायम रहना चाहिए। संविधान के निहित मापदंड और न्याय व्यवस्था का विस्तार सघनता से बने रहना चाहिए। कानून की आड़ में असहमति का दम घोटना उचित नहीं है। बल्कि असहमति से प्रभावित होकर जन सशक्तीकरण व लोक कल्याण के हित में सुशासन की पहल को मजबूत करना चाहिए। यही राष्ट्र विकास का शस्त्र भी है और शास्त्र भी।

सुप्रीम कोर्ट द्वारा पत्रकारिता पर हो रहे हमलों पर चिंता

सुप्रीम कोर्ट ने हाल ही में पत्रकारिता पर हो रहे हमलों पर चिंता व्यक्त की है और कहा है कि पत्रकारों पर हमले और धमकियाँ लोकतंत्र के लिए खतरनाक हैं। कोर्ट ने कहा कि पत्रकारों को अपने काम के दौरान सुरक्षा प्रदान करना आवश्यक है।

सुप्रीम कोर्ट की चिंता के मुख्य बिंदु:

1. पत्रकारों पर हमले: पत्रकारों पर हो रहे हमलों और धमकियों पर चिंता व्यक्त की गई है।
2. लोकतंत्र के लिए खतरा: पत्रकारों पर हमले और धमकियाँ लोकतंत्र के लिए खतरनाक हैं, क्योंकि इससे अभिव्यक्ति की स्वतंत्रता प्रभावित होती है।
3. सुरक्षा की आवश्यकता: पत्रकारों को अपने काम के दौरान सुरक्षा प्रदान करना आवश्यक है, ताकि वे अपने काम को स्वतंत्र रूप से कर सकें।

सुप्रीम कोर्ट के निर्देश:

1. सरकार को निर्देश: सुप्रीम कोर्ट ने सरकार को पत्रकारों की सुरक्षा के लिए आवश्यक कदम उठाने का निर्देश दिया है।
2. पत्रकारों के अधिकारों की रक्षा: कोर्ट ने पत्रकारों के अधिकारों की रक्षा करने और उन्हें अपने काम के दौरान सुरक्षा प्रदान करने के महत्व पर जोर दिया है।

अध्याय - 3

1. भारतीय संस्कृति को दूषित करता ओपन मैरिज ट्रेंड
2. न्यायपालिका के निर्णय जनकल्याणकारी होना चाहिए समाज विरोधी नहीं
3. मासूम कृष्णेंदु द्वारा आत्महत्या समाज के असंवेदनशील होने का प्रमाण
4. पद्मश्री सम्मान का व्यवसायीकरण क्या सरकार के संरक्षण में
5. कोई वस्तु बेचना अपराध नहीं है तो खरीदना अपराध कैसे हो सकता है..? एक ज्वलंतशील सवाल।
6. पत्रकारों को अपने सूत्र गुप्त रखने का प्राप्त है वैधानिक अधिकार!
7. चाटुकारिता की लगी दीमक ने निष्पक्ष पत्रकारिता का क्षरण कर दिया!
8. स्वस्थ लोकतंत्र को आकार देने में मीडिया की महत्वपूर्ण भूमिका से इंकार नहीं किया जा सकता है
9. दुराचार की घटनाओं के संबंध में प्रेस काउंसिल ऑफ इंडिया द्वारा मीडिया पर कसा शिकंजा
10. भारत में पत्रकारिता को स्वतंत्र कहना बेमानी
11. पत्रकारों की सुरक्षा के प्रति उदासीन केंद्र सहित राज्य सरकारें
12. प्रेस की आजादी पर छाया संकट –राष्ट्रीय प्रेस दिवस पर विशेष
13. जब प्रेस आज़ाद ही नही तो प्रेस दिवस का क्या औचित्य ?

(1)

भारतीय संस्कृति को दूषित करता ओपन मैरिज ट्रेंड

भारतीय संस्कृति का महत्व हमारे जीवन में बहुत गहरा और व्यापक है। यह न केवल हमारी परंपराओं, मान्यताओं, और रीति-रिवाजों को दर्शाती है, बल्कि यह सामाजिक, धार्मिक, और ऐतिहासिक दृष्टिकोण से भी महत्वपूर्ण है। परन्तु जैसे-जैसे हमारी सामाजिक, धार्मिक, मान्यताओं एवं संस्कृति पर आधुनिकता का ग्रहण लगता गया, हमारी मान्यताएं बदलना शुरू हो गई हैं।

विवाह जन्मों-जन्मों का बंधन होता है जिसे दो लोग जीवन भर निभाते हैं। हालांकि बदलते समय के साथ ही रिश्ते में कई तरह के बदलाव होने लगे हैं। बदलते समय के साथ ही रिलेशनशिप से जुड़े कई ट्रेंड सामने आने लगे हैं।

हमारी भारतीय संस्कृति में विवाह शब्द और उसके महत्व को नकारा नहीं जा सकता। विवाह का स्वरूप बदला उसके बाद हमारे संस्कार निरंतर बदलते गए और आज विवाह रूपी संस्कार अपना मूल अस्तित्व खो चुका है। भारतीय परिवेश में सबसे पहले आए "लीव इन रिलेशन" नामक कुसंस्कार ने हमारी संस्कृति को दूषित किया और भारतीय जनमानस ने विवाह संस्कार को त्याग कर इस कुसंस्कार के नाम पर समाज को बलि चढ़ा दिया। देश में इस कुसंस्कार को मिले महत्व का इतना असर बढ़ा कि न्यायपालिका ने भी इसको वैधानिकता का चोला पहना दिया और निर्लज्ज लोगों ने इस कुसंस्कार को अपने जीवन में इस कदर शामिल कर लिया कि हमारी भारतीय संस्कृति दूषित हो गई।

"लीव इन रिलेशनशीप" नामक इस कुसंस्कार को परवान चढ़ाने वाले भारतीय जनमानस ने अपनी सुविधा के लिए एक नए संस्कार को जन्म दिया है जिसे " शुगर डैडी, शुगर बेबी" का नाम दिया गया। इस कुसंस्कृति को बूढ़े अमीर आदमियों ने अपनी एकान्तता को, अपने नीरस जीवन को खुशगवार बनाने के लिए कम उम्र की लड़कियों को अपनी सहपाठी बनाकर उनका दैहिक उपयोग किया और कम उम्र की युवतियों ने धन, ऐश्वर्य की लालसा के लिए बूढ़े, धनवान अकेले पुरुषों को चारा बनाया। इस कुप्रथा ने भी भारतीय संस्कृति को बुरी तरह दूषित किया है।

बदलते समय के साथ ही रिलेशनशिप से जुड़े कई ट्रेंड सामने आने लगे हैं। इन्हीं में से एक है जो इन दिनों भारत (open marriage trend in India) में पॉपुलर हो रहा है। वो है

"ओपन मैरिज ट्रेंड" आमतौर पर शादी समर्पण और भरोसे का रिश्ता माना जाता है, लेकिन इन दिनों शादी से जुड़ा एक नया कॉन्सेप्ट काफी तेजी से पापुलर हो रहा है। हम बात कर रहे हैं ओपन मैरिज की (what is open marriage), जो विदेशों के बाद अब भारत में भी कई कपल्स के बीच पॉपुलर हो रहा है। ओपन मैरिज आमतौर पर एक ऐसा रिश्ता है, जिसमें एक से ज्यादा पार्टनर्स शामिल होते हैं, ओपन मैरिज का आमतौर पर मतलब यह होता है कि कोई व्यक्ति अपनी शादी के बाहर किसी दूसरे व्यक्ति के साथ रिश्ते में भावनात्मक जुड़ाव के साथ या उसके बिना भी फिजिकल रिलेशन बना सकता है।

ओपन मैरिज का विकल्प चुनने वाले भारतीयों की संख्या, खासकर शहरों में, चौंका देने वाली है। लेकिन इसे सार्वजनिक करने वालों की संख्या काफी कम है। आपको जानकर हैरानी होगी करीब 3 मिलियन यानी 30 लाख भारतीय वर्तमान में ग्लीडेन (Gleeden) ऐप पर एक्टिव हैं। फिजिकल रिलेशन को जीवन में स्वीकार कर ओपन मैरिज कॉन्सेप्ट को बढ़ावा देने वाले लोग भारतीय संस्कृति को दूषित कर एक नए समाज की अवधारणा को बल दे रहे हैं ऐसा समाज जो विवाह रूपी संस्कार को समूल नष्ट करने पर आमादा है यदि समय रहते इस कुसंस्कार पर आघात नहीं किया तो आने वाला समय हमारी संस्कृति के लिए अभिशाप साबित होगा।

पत्रकारिता के लिए महत्व:

1. अभिव्यक्ति की स्वतंत्रता: पत्रकारिता की स्वतंत्रता और अभिव्यक्ति की स्वतंत्रता का संरक्षण करना आवश्यक है।
2. लोकतंत्र की मजबूती: पत्रकारिता लोकतंत्र की मजबूती के लिए आवश्यक है, क्योंकि इससे लोगों को जानकारी मिलती है और वे अपने अधिकारों के बारे में जागरूक होते हैं।

सुप्रीम कोर्ट की चिंता और निर्देश पत्रकारिता के लिए महत्वपूर्ण हैं और इससे पत्रकारों को अपने काम के दौरान सुरक्षा और समर्थन मिलने की उम्मीद है।

(2)

न्यायपालिका के निर्णय जनकल्याणकारी होना चाहिए समाज विरोधी नहीं

गत दिनों इलाहाबाद हाई कोर्ट ने एक अजीबो गरीब फैसला सुनाया, जिसकी चर्चा पूरे देश में हो रही है। अमूमन वरिष्ठ न्यायालयों के निर्णय पूरे देश के लिए नजीर अर्थात् न्याय दृष्टांत बनते हैं जो निचली अदालतों के निर्णयों पर प्रभावी होते हैं और उनका महत्व होता है।

लेकिन इलाहाबाद हाईकोर्ट के इस निर्णय ने न्यायपालिका की गरिमा और विश्वसनीयता पर प्रश्न चिन्ह लगा दिया है। सुप्रीम कोर्ट को यथाशीघ्र स्वयं संज्ञान लेकर फैसले को पलटना होगा अन्यथा उसके दूरगामी परिणाम विनाशकारी होंगे। दअरसल 11 साल की बच्ची के केस में इलाहाबाद हाई कोर्ट ने एक ऐसा फैसला सुनाया जो चर्चा का विषय बना हुआ है।

इलाहाबाद हाई कोर्ट ने एक अजीबो-गरीब फैसले में कहा है कि किसी नाबालिग लड़की के निजी अंग पकड़ना, उसके पायजामे की डोरी तोड़ना और उसे घसीटने की कोशिश करना दुष्कर्म या दुष्कर्म के प्रयास का मामला नहीं बनता।

कोर्ट ने इसे अपराध की 'तैयारी' और 'वास्तविक प्रयास' के बीच का अंतर बताया और निचली कोर्ट द्वारा तय गंभीर आरोप में संशोधन का आदेश दिया। इलाहाबाद हाई कोर्ट के जस्टिस राम मनोहर नारायण मिश्र ने अपने आदेश में कहा, 'दुष्कर्म के प्रयास का आरोप लगाने के लिए साबित करना होगा कि मामला तैयारी से आगे बढ़ चुका था। तैयारी और वास्तविक प्रयास के बीच अंतर है। इलाहाबाद हाई कोर्ट के जस्टिस राम मनोहर नारायण मिश्र के इस फैसले ने सुप्रीम कोर्ट के फैसले को नहीं मानने जैसा प्रयास किया है। इसी तरह का एक आदेश में बॉम्बे हाई कोर्ट की एडिशनल जज पुष्पा गनेडीवाला ने जनवरी 2021 में यौन उत्पीड़न के एक आरोपी को यह कहते हुए बरी कर दिया था कि किसी नाबालिग पीड़िता के निजी अंगों को 'स्किन टू स्किन' संपर्क के बिना टटोलना पॉक्सो में अपराध नहीं माना जा सकता है। हालांकि इस फैसले को सुप्रीम कोर्ट ने पलट दिया था।

तथा 19 नवंबर 2021 को पारित अपने आदेश में सुप्रीम कोर्ट ने बॉम्बे हाई कोर्ट की नागपुर बेंच की एडिशनल जज पुष्पा गनेडीवाला द्वारा जनवरी 2021 को पारित फैसले को पलटते हुए कहा था, कि "किसी बच्चे के यौन अंगों को छूना या 'यौन इरादे' से शारीरिक संपर्क से जुड़ा कोई

भी कृत्य पॉक्सो एक्ट की धारा 7 के तहत 'यौन हमला' माना जाएगा।

इसमें सबसे महत्वपूर्ण इरादा है, न कि त्वचा से त्वचा का संपर्क। ताजा मामले में इलाहाबाद हाई कोर्ट के जस्टिस राम मनोहर नारायण मिश्र द्वारा पारित फैसले अनुसार नाबालिग लड़की के निजी अंग पकड़ना, उसके पायजामे की डोरी तोड़ना और उसे घसीटने की कोशिश करना दुष्कर्म या दुष्कर्म के प्रयास का मामला नहीं मानना गंभीर मुद्दे को जन्म दे रहा है।

बेशक इलाहाबाद हाई कोर्ट के इस फैसले की समीक्षा या टिप्पणी का हमें कोई अधिकार नहीं है न ही उस फैसले की कोई आलोचना का दुस्साहस कर रहे लेकिन सामाजिक नजरिए से यदि यह देखा जाए तो इस प्रकार के फैसले समाज को गलत दिशा दिखाएंगे और इस फैसले के कारण हजारों दोषियों को दंड से बचने का रास्ता मिलेगा। यह एक अटल सत्य है कि इलाहाबाद हाईकोर्ट के इस फैसले पर सुप्रीम कोर्ट संज्ञान लेकर उसे पलट भी देगा परन्तु क्या ऐसे निर्णय देने वाले न्यायधीश पुन: ऐसे कोई निर्णय न दें इस पर कोई रोक लगेगी।

रोक लगना जरूरी भी है वरना एक परम्परा का आगाज़ होगा बॉम्बे हाई कोर्ट की नागपुर बेंच की एडिशनल जज पुष्पा गनेडीवाला द्वारा जनवरी 2021 को पारित फैसले के बाद इलाहाबाद हाईकोर्ट का यह फैसला न्यायपालिका की गरिमा पर आघात है।

(3)

मासूम कृष्णेंदु द्वारा आत्महत्या समाज के असंवेदनशील होने का प्रमाण

आज सोशल मीडिया पर अचानक एक खबर ने मुझे विचलित कर दिया। घटना इतनी दिल दहलाने वाली थी कि उसने मेरी अंतरात्मा तक को झकझोर दिया। किस तरह एक गरीबी की सच्चाई को ज़माने वाले झुठलाकर उसकी सच्चाई को नकार कर झूठ बना देते हैं और एक निर्दोष होकर भी कोई सूली पर चढ़ जाता है। ऐसा ही एक मामला 23/05/2025 को पश्चिम बंगाल के पांशकुड़ा में घटित हुई और प्रकाश में आई जिसकी सच्चाई सुनकर हर कोई अवाक रह जाएगा।

दरअसल पश्चिम बंगाल के पांशकुड़ा में एक 13 साल का मासूम बच्चा कृष्णेंदु दास जो सातवीं कक्षा में पढ़ता था पर एक दुकानदार ने उसकी दुकान से चिप्स के पैकेट चुराने का आरोप लगाकर उसकी पिटाई कर दी। बच्चा बार-बार कहता रहा कि उसने मिठाई की दुकान से तीन चिप्स के पैकेट नहीं चुराए। उसने तो दुकान के बाहर खाली पड़े चिप्स के पैकेट उठाए थे। दुकान संचालक शुभंकर दीक्षित जो समाजसेवी भी था ने बिना सोचे समझे एक मासूम पर अपनी मिठाई दुकान से तीन पैकेट चिप्स के चुराने का आरोप लगाते हुए उस मासूम को न सिर्फ थप्पड़ मारे वरन उससे उठक-बैठक भी करवाई। मासूम लगातार कहता रहा कि उसने चिप्स के पैकेट नहीं चुराए उसको खाली पैकेट सड़क पर पड़े मिले थे लेकिन दुकानदार ने उसकी एक न सुनी और एक ऐसे झूठे आरोप के लिए उसे दंडित किया जो उसने किया ही नहीं था। मासूम के आत्मसम्मान, उसके विश्वास, उसके मासूम बचपन से खिलवाड़ करने वाले दुकानदार ने सच्चाई जाने बगैर उस मासूम के कोमल निर्मल हृदय को न सिर्फ चोटिल किया वरन उसकी मासूम जिंदगी का अंत भी कर दिया।

दरअसल दुकानदार द्वारा लगाए गए आरोप और दिए दंड के बाद जब मासूम अपने घर पहुंचा तो घर लौटने पर उसकी माँ ने भी उसकी बात नहीं सुनी और गुस्से में आकर उसको न सिर्फ डांटा बल्कि उसके थप्पड़ भी मारा। पहले दुकानदार द्वारा अपमानित होकर झूठे आरोप में दंडित होने वाले 13 साल के मासूम बच्चे कृष्णेंदु दास को जब उसकी मां द्वारा भी दोषी मानकर सज़ा दी तो वह टूट गया और उसने कीटनाशक पी लिया जिसके कारण अगले दिन उसकी मौत हो गई। मरने से पहले उस मासूम ने एक सुसाइड (एक छोटा सा कागज़) नोट लिखा जिसमें उसने लिखा

"मां, मैंने चिप्स नहीं चुराए। मुझे सड़क पर पड़े मिले थे। मैंने चोरी नहीं की।" और इस तरह एक मासूम बच्चे की जान चली गई। बाद में सीसीटीवी फुटेज से उसकी बेगुनाही उजागर हुई लेकिन तब तक देर हो चुकी। एक बेगुनाह बच्चा सच्चा होने के बावजूद समाज की गंदी मानसिकता और बिना पड़ताल के लगाए आरोप के कारण बलि वेदी पर चढ़ गया।

उसको इस बात का मलाल नहीं था कि दुकानदार ने उस पर झूठा आरोप लगाया। उसे इस बात का भी रंज नहीं था कि निर्दोष होते हुए भी दुकानदार ने उसको सार्वजनिक रूप से न सिर्फ तमाचे मारे बल्कि उसको उठक-बैठक लगाकर समाज के सामने अपमानित किया उसे दुख इस बात का था कि उसकी जन्मदात्री ने भी उसकी सच्चाई को नज़र अंदाज कर उसको दंडित किया। वह टूटकर बिखर गया। उसे अपनी सच्चाई को उजागर करने से बेहतर मौत को गले लगाना आसान दिखा। लेकिन उसके कोमल हृदय में एक टीस थी, उसे अपनी मां के सामने अपनी सच्चाई, अपनी बेगुनाही उजागर करनी थी जो सुसाईड नोट की शक्ल में छोड़कर हमारे सामने एक ज्वलनशील मुद्दा छोड़ गया। क्या चिप्स के पैकेट की चोरी का आरोप लगाने वाले को बिना सोचे समझे उसको सार्वजनिक रूप से दंडित करना चाहिए था? क्या एक मासूम बच्चे की भूल जो कि उसने की नहीं कोई साक्ष्य के अभाव में उसको सजा देने की भूल माफी योग्य है?

यह कहानी एक मासूम की मौत की कहानी नहीं यह हमारे समाज की उस सोच की कहानी है, जो बिना सुने, बिना समझे, सिर्फ दोषी ठहराने में यकीन रखती है। मासूम बच्चे कृष्णेंदु की कहानी सिर्फ एक आत्महत्या की नहीं है – यह एक समाज के असंवेदनशील होने की कहानी है। यह उस पल की तस्वीर है जब एक बच्चा चुप हो जाता है क्योंकि उसके अपने भी उसकी बात नहीं सुनते। उसकी मासूमियत उसकी बेगुनाही पर कोई विश्वास नहीं करता।

अब सवाल यह है कि दुकानदार को यदि ऐसा लगा कि बच्चे ने गलती की तो उसे बिना सच जाने उसको दंडित नहीं करना चाहिए था। यदि उसने गलती की भी होती तो क्या कोई बच्चा अपमानित करने से सुधर सकता है? मासूम बच्चे की मौत के हम सब जिम्मेदार हैं जो बिना सच जाने उसे दोषी ठहरा कर दंडित कर बैठे। इस घटना से हमें सबक लेना चाहिए कि माता-पिता को, शिक्षकों को, और समाज को यह समझना होगा कि बच्चे केवल अनुशासन नहीं, समझदारी भी चाहते हैं। हर बार सज़ा ही हल नहीं होती – कई बार एक गले लगाना ज़िंदगी बचा सकता है।

आज वह मासूम दुनिया में नहीं हैं। उसका सुसाईड नोट उसकी बेगुनाही को चीख-चीख कर बोल रहा है। सीसीटीवी फुटेज यदि दुकानदार देख लेता तो बच्चे की मौत नहीं होती। उस मासूम के वह बोल कि"मैंने चोरी नहीं की..."ये शब्द हमारे ज़मीर को तब तक काटते रहेंगे, जब तक

हम बदल नहीं जाते। आरोपी दुकानदार शुभंकर दीक्षित अब फरार है। पुलिस ने केवल "अप्राकृतिक मृत्यु" का मामला दर्ज किया है। किसी ने अभी तक कोई शिकायत नहीं की है। और उसकी मौत की फाइल हमेशा के लिए बंद हो गई।

लेकिन क्या यह उस मासूम के साथ अन्याय नहीं हैं? क्या समाज को आगे नहीं आना चाहिए? क्या हमें अपनी सोच में परिवर्तन नहीं लाना होगा? क्या मासूम बच्चे के साथ जो हुआ उसकी पुनरावृति को हम रोक सकते हैं? हमें विचार करना होगा। हमें सबक लेना होगा इस घटना से। हमें अपने जीवन में इस बात को महत्व देना होगा कि बिना सोचे समझे किसी मासूम पर लगाया गया आरोप उसकी मनोदशा पर क्या प्रभाव डालेगा।

पत्रकारिता की भूमिका :

1. **निष्पक्षता :** पत्रकारिता को निष्पक्ष और स्वतंत्र होना चाहिए, ताकि वह लोगों को सच्ची जानकारी प्रदान कर सके।
2. **जिम्मेदारी :** पत्रकारिता की जिम्मेदारी है कि वह लोगों को सच्ची जानकारी प्रदान करे और सरकार की जवाबदेही तय करे।
3. **समाज के लिए आवाज :** पत्रकारिता समाज के लिए आवाज बन सकती है, जिससे लोगों की समस्याओं को सरकार के सामने रखा जा सकता है।

लोकतंत्र में पत्रकारिता का महत्व बहुत अधिक है, और यह लोकतंत्र के लिए आवश्यक है। पत्रकारिता को निष्पक्ष, स्वतंत्र और जिम्मेदार होना चाहिए, ताकि वह लोगों को सच्ची जानकारी प्रदान कर सके और सरकार की जवाबदेही तय कर सके।

(4)

पद्मश्री सम्मान का व्यवसायीकरण क्या सरकार के संरक्षण में

भारतीय गणराज्य में पद्म सम्मान का महत्व अपने आप में बहुत अधिक है। पद्म पुरस्कार भारत के सर्वोच्च नागरिक सम्मानों में से एक है, जिसकी घोषणा हर साल गणतंत्र दिवस की पूर्व संध्या पर की जाती है। ये पुरस्कार तीन श्रेणियों में दिए जाते हैं: पद्म विभूषण (असाधारण और विशिष्ट सेवा के लिए), पद्म भूषण (उच्च कोटि की विशिष्ट सेवा) और पद्म श्री (विशिष्ट सेवा)। यह पुरस्कार उन सभी गतिविधियों या विषयों में उपलब्धियों को मान्यता देने का प्रयास करता है, जिनमें सार्वजनिक सेवा का तत्व शामिल होता है।

पद्म पुरस्कार हर साल प्रधानमंत्री द्वारा गठित पद्म पुरस्कार समिति की सिफारिशों के आधार पर प्रदान किए जाते हैं। नामांकन प्रक्रिया जनता के लिए खुली है। यहां तक कि स्वयं नामांकन भी किया जा सकता है। ये पुरस्कार भारत के राष्ट्रपति द्वारा आमतौर पर हर साल मार्च/अप्रैल के महीने में प्रदान किए जाते हैं, जहां पुरस्कार विजेताओं को राष्ट्रपति द्वारा हस्ताक्षरित एक सनद (प्रमाण पत्र) और एक पदक प्रदान किया जाता है।

आजादी के बाद तात्कालिक केंद्र सरकार ने कला, शिक्षा, उद्योग, साहित्य, विज्ञान, खेल, चिकित्सा, समाज सेवा और सार्वजनिक जीवन आदि में उनके विशिष्ट योगदान देने वाली विभूतियों को यह सम्मान से अलंकृत करने की परम्परा का आरंभ आज से 71वर्ष पूर्व 1954 में इस उद्देश्य से किया था कि वास्तविक विभूतियों को उनके देश और समाज के प्रति सेवा का मान मिले लेकिन वर्तमान संदर्भ में इसका व्यवसायीकरण दृष्टिगत हो रहा है।

हम इसके वर्तमान संदर्भ की चर्चा बाद में करेंगे सबसे पहले पद्म सम्मान के एक अभिन्न अंग" पद्मश्री सम्मान के बारे में जाने की सरकार ने इस सम्मान को क्यों और किस उद्देश्य से आरम्भ किया था। विदित हो कि "पद्म श्री या पद्मश्री" सम्मान भारत सरकार द्वारा आम तौर पर सिर्फ भारतीय नागरिकों को दिया जाने वाला सम्मान है जो जीवन के विभिन्न क्षेत्रों जैसे कि, कला, शिक्षा, उद्योग, साहित्य, विज्ञान, खेल, चिकित्सा, समाज सेवा और सार्वजनिक जीवन आदि में उनके विशिष्ट योगदान को मान्यता प्रदान करने के लिए दिया जाता है। भारत के नागरिक पुरस्कारों के पदानुक्रम में यह चौथा पुरस्कार है इससे पहले क्रमशः भारत रत्न, पद्म विभूषण

और पद्म भूषण का स्थान है। इसके अग्रभाग पर, "पद्म" और "श्री" शब्द देवनागरी लिपि में अंकित रहते हैं। आजादी के बाद "पद्म श्री सम्मान" अर्थात प्रथम पुरस्कार वर्ष 1954 में प्रदान किया गया था तथा इसी श्रृंखला का अंतिम पुरस्कार वर्ष 2025 में प्रदान किया गया। शासकीय रिकॉर्ड अनुसार अब तक कुल 3448 लोगों को पद्म श्री सम्मान " अर्थात प्रथम पुरस्कार से नवाजा जा चुका हैं। इस पुरस्कार या सम्मान का महत्व भारतीय संदर्भ में अत्याधिक है और रहेगा। भारत सरकार द्वारा देश के कोने-कोने से विलक्षण प्रतिभाओं, विभूतियों का चयन कर उनको सम्मानित किया जाता है। पद्म पुरस्कारों के लिए प्राप्त सभी नामांकन पद्म पुरस्कार समिति के समक्ष रखे जाते हैं, जिसका गठन हर साल प्रधानमंत्री द्वारा किया जाता है। पद्म पुरस्कार समिति की अध्यक्षता कैबिनेट सचिव करते हैं और इसमें गृह सचिव, राष्ट्रपति के सचिव और चार से छह प्रतिष्ठित व्यक्ति सदस्य के रूप में शामिल होते हैं। समिति की सिफारिशें प्रधानमंत्री और भारत के राष्ट्रपति को अनुमोदन के लिए भेजी जाती हैं।

यहां अब वर्तमान संदर्भ की बात की जाए तो विगत कुछ वर्षों से भारत सरकार द्वारा गठित पद्म पुरस्कार समिति से पृथक भी पद्म श्री सम्मान के लिए प्राइवेट लोग या यह कहें संगठन, एजेंसियां, निकाय भी कार्य कर रही हैं जो पद्म श्री सम्मान के नाम पर मोटी रकमों की उगाही करती देखी जा रही हैं जिनके द्वारा सोशल मीडिया साइट्स पर जमकर प्रचार प्रसार किया जा रहा है। स्काल्ड कंसल्टिंग एलएलपी नामक एक गैर सरकारी संस्था द्वारा अपने प्रचार में पद्मश्री सम्मान दिलाने के नाम पर प्रोफाइल बनाने का विज्ञापन डाला था।

जिसमें उनके द्वारा दावा किया गया कि "आप पद्मश्री पुरस्कार विजेता हो सकते हैं? हम पद्मश्री पुरस्कार के लिए आपकी प्रोफ़ाइल बनाने में मदद करते हैं। संस्था ने अपना परिचय देते हुए लिखा कि "स्काल्ड कंसल्टिंग एलएलपी एक गैर सरकारी सलाहकार फर्म है, जो एनजीओ के लिए रिज्यूमे निर्माण सेवाएं और पद्मश्री, नारी शक्ति पुरस्कार आदि जैसे प्रतिष्ठित पुरस्कार प्रदान करती है। हम तकनीकी प्रोफाइल बनाते हैं और रणनीतिक सुझाव आदि प्रदान करते हैं। हम केवल तकनीकी प्रोफाइल निर्माण के लिए सहायता और मार्गदर्शन करते हैं और किसी पुरस्कार या अनुदान की गारंटी नहीं देते हैं। संस्था ने लिखा इस संबंध में अधिक जानकारी के लिए कॉल करें 8376914204, 7428573552। जानकारी अनुसार इस संस्था के संचालक आरजे आरती मल्होत्रा और डॉक्टर तिलक तंवर हैं।

ताज्जुब तब हुआ जब उक्त मोबाइल नंबर पर संपर्क किया गया तो स्काल्ड कंसल्टिंग एलएलपी की कस्टमर केयर यूनिट की महिला द्वारा अपना परिचय देते हुए आवेदक का पूर्ण

परिचय प्राप्त किया तथा संबंधित नंबर पर अपना बायोडाटा डालने का निर्देश दिया। आवेदक द्वारा अपना बायोडाटा डालने के अगले दिन संबंधित महिला का पुन: फोन आया और उसके द्वारा कहा गया कि आपका बायोडाटा काफी प्रभावशील है।

उसके द्वारा बताया गया कि हम आपका पद्मश्री के लिए प्रोफाइल बनाएंगे जिसका शुल्क 58 हजार रुपए है, जिसमें 18प्रतिशत जीएसटी अलग देना होगा। साथ ही उक्त राशि वापसी योग्य नहीं होगी। हमारा कार्य केवल आपका प्रोफाइल बनाने और सरकार को भेजने तक का है। लाखों लोगों में से चयन होता है।

इस पूरे नाट्यक्रम में इस बात पर आश्चर्य हो रहा है कि जिस पद्म श्री पुरस्कार या सम्मान के लिए भारत सरकार द्वारा चयन समिति का गठन किया जाता है उसके बाहर कोई निजी गैर सरकारी संस्था सरकार की नाक के नीचे किस अधिकार से पद्म श्री सम्मान के लिए सोशल साइट पर प्रचार कर धन उगाही कर इसका व्यवसायीकरण कर रहे हैं और सरकार ने मौन धारण कर रखा है।

यदि इस संस्था की कार्यप्रणाली पर नजर डाली जाए तो यह स्पष्ट है कि बिना सरकारी संरक्षण प्राप्त किए कोई संस्था इस प्रकार सरकारी पुरस्कार के नाम पर अवैध वसूली नहीं कर सकती। जो भी है इस तरह इस संस्था द्वारा पद्मश्री पुरस्कार के लिए प्रोफाइल बनाने के नाम पर 58 हजार रुपए सहित जीएसटी शुल्क की उगाही क्या न्यायसंगत है।

(5)

कोई वस्तु बेचना अपराध नहीं है तो खरीदना अपराध कैसे हो सकता है..? एक ज्वलंतशील सवाल

गत दिनों मध्य प्रदेश की राजधानी भोपाल के पुलिस मुख्यालय की महिला सुरक्षा शाखा द्वारा एक परिपत्र जारी कर पुलिस आयुक्त भोपाल/इंदौर सहित समस्त जिला पुलिस अधीक्षक समस्त रेल पुलिस अधीक्षक को निर्देशित किया गया है कि देह व्यापार करने वाली महिला को अनैतिक व्यापार (निवारण) अधिनियम 1956 के अपराध में आरोपी न बनाए। परिपत्र जारी होने के बाद पूरे प्रदेश में इसकी चर्चा आम हो गई। परिपत्र में निर्देशित करते हुए कहा गया है कि प्राय: देखने में आ रहा है कि कुछ जिलों द्वारा अनैतिक व्यापार (निवारण) अधिनियम के तहत पंजीबद्ध अपराध में होटल एवं ढाबों के संचालकों द्वारा पैसा लेकर होटल एवं ढाबों के कमरों को, वैश्यालय के रूप में चलाया जा रहा है। उनके विरुद्ध की जा रही कार्यवाही में सेक्स वर्कर्स को आरोपी न बनाया जाए। पुलिस मुख्यालय का यह आदेश पक्षपात पूर्ण होने से हजम नहीं हो रहा है।

पुलिस मुख्यालय से जारी इस परिपत्र में देह व्यापार करने वाली महिला को पीड़ित, शोषित नाम से पुकारा गया है वहीं होटल ढाबों में देह व्यापार कराने को वेश्यालय के नाम से संबोधित किया गया है और इस व्यापार में शामिल पुरुष व्यक्ति को अपराधी।

गौरतलब हो कि पुलिस विभाग ने माननीय सर्वोच्च न्यायालय की क्रिमिनल अपील कंमाक 135/2010 "बुद्धदेव कर्मास्कर विरूद्ध पश्चिम बंगाल राज्य एवं अन्य" में पारित आदेश के हवाले से कहा कि देह व्यापार में संलिप्त महिलाओं को पुलिस द्वारा जब होटल ढाबों में देह व्यापार पर पकड़ा जाता है उनको आरोपी न बनाया जाए क्योंकि माननीय सुप्रीम कोर्ट द्वारा वैश्यालयों पर दबिश की दशा में देह व्यापार करने वाली महिला के स्वैच्छिक लैंगिक कार्य को अवैध नहीं माना है। उक्त निर्णय में वैश्यालय में पकड़ी गई महिला या सेक्स वर्कर को गिरफ्तार करने, दंडित अथवा परेशान करने पर रोक लगाई है।

इस परिपत्र के द्वारा पुलिस मुख्यालय ने महिला सेक्स वर्कर के साथ संवेदनशीलता और सहानुभूति से पेश आने के निर्देश भी दिए हैं। इस दिशा में पुलिस अधिकारियों को कठोर अनुपालन सुनिश्चित करने के निर्देश दिए गए हैं, ताकि किसी भी महिला सेक्स वर्कर के अधिकारों का उल्लंघन न हो। साथ ही, पुलिस को यह भी ध्यान रखने को कहा गया है कि महिला सेक्स वर्कर

के साथ संवेदनशीलता और सहानुभूति से पेश आया जाए। इस फैसले के साथ, राज्य पुलिस अब उन महिलाओं के लिए एक सुरक्षित और सहानुभूतिपूर्ण वातावरण बनाने के लिए तैयार है, जो कभी कानून के शिकंजे में फंस जाती थीं।

अब सवाल यह उठता है कि सुप्रीम कोर्ट के आदेश के अनुपालन में स्वैच्छिक देह व्यापार अवैध नहीं है। होटल एवं ढाबों में देहव्यापार कर रही महिलाओं को आरोपी नहीं बनाया जा सकता लेकिन होटल एवं ढाबों पर छापेमार कारवाही पर होटल एवं ढाबों के संचालकों पर मुकदमा दर्ज होना न्यायसंगत कैसे हुआ। जब महिला द्वारा देहव्यापार करना स्वैच्छिक होने पर अपराध नहीं माना जाएगा तो होटल ढाबा संचालक ओर ग्राहक पर अपराध की कायमी को न्यायसंगत कैसे माना जा सकता। होटल ढाबा संचालक कोई बलपूर्वक तो उनसे अनैतिक कार्य कराता नहीं। जैसे उनकी स्वेच्छा से वह जिस्म फरोशी के लिए स्वतंत्र है तो होटल ढाबा संचालक या उन महिलाओं के साथ पकड़े गए व्यक्ति पर अपराध की कायमी क्या संविधान विरोधी नहीं होगी।

बहरहाल सुप्रीम कोर्ट के उक्त निर्णय पर अब तक हस्तक्षेप नहीं होने से उस पर टिप्पणी न्यायसंगत नहीं होगी लेकिन पुलिसिया कार्यवाही अवश्य ही प्रश्न चिन्ह लगा रही है। माननीय सुप्रीम कोर्ट के उक्त आदेश की आड़ में कहीं न कहीं देह व्यापार को संरक्षण मिलता है और समाज में गंदगी बढ़ रही है। देह व्यापार में संलिप्त महिलाओं को केवल इस आधार पर मुक्त रखा जाए क्योंकि वह देह व्यापार की स्वैच्छिक रूप से अपना पेशा बनाए हैं तो समाज पर विपरीत प्रभाव से इनकार नहीं किया जा सकता। बेशक सुप्रीम कोर्ट ने सेक्स वर्कर्स के संवैधानिक अधिकारों की रक्षा के लिए यह निर्णय पारित किया था लेकिन उसका यह अर्थ कदापि नहीं था कि देह व्यापार को संरक्षण मिले या उसकी आड में अपराध को बढ़ावा हो।

इस सब व्यवस्था के बीच अब सवाल यह उठता है कि यदि कोई वस्तु बेचना अपराध नहीं है तो खरीदना अपराध कैसे हो सकता है..?...व्यापार की अवधारणा ही खरीदी और बेची की व्यवस्था है...? लिहाज़ा अगर देहव्यापार में लिप्त महिला को आरोपी नहीं बनाया जा सकता तो देह खरीदने वाले पुरुष को भी आरोपी नहीं बनाया जाना चाहिए...वैसे भी भारत में देह व्यापार को दुनिया का सबसे पुराना व्यापार समझा जाता है..। यह एक ज्वलंतशील विषय है जिस पर चर्चा भी ज़रूरी है और कोई ठोस कार्यवाही भी। भारतीय संविधान ने सबको बराबरी का दर्जा दिया है। ऐसे में देह व्यापार में संलिप्त महिलाओं को इस लिए संरक्षण दिया जाए क्योंकि वह स्वैच्छिक रूप से अपने कार्य को कर रही हैं अपराध न माना जाए लेकिन उसके स्वैच्छिक रूप से किए कार्य में शामिल पुरुष व्यक्ति को अपराधी बनाया जाना न्यायसंगत नहीं है। बेशक हमारे देश

में पुरातन काल से देह व्यापार का चलन रहा है लेकिन पक्षपात न्यायसंगत नहीं। यह एक विचारणीय प्रश्न है।

पत्रकार सुरक्षा कानून के लिए प्रयास :

1. प्रस्तावित कानून : कुछ राज्यों में पत्रकार सुरक्षा कानून के प्रस्ताव तैयार किए गए हैं, लेकिन अभी तक कोई केंद्रीय कानून नहीं बनाया गया है।
2. सुप्रीम कोर्ट की पहल : सुप्रीम कोर्ट ने पत्रकार सुरक्षा कानून के लिए पहल की है और सरकार से इस पर विचार करने का आग्रह किया है।
3. पत्रकार संगठनों की मांग : पत्रकार संगठनों ने पत्रकार सुरक्षा कानून की मांग की है और सरकार से इस पर विचार करने का आग्रह किया है।

चुनौतियाँ :

1. कानून की अनुपस्थिति : अभी तक कोई विशिष्ट पत्रकार सुरक्षा कानून नहीं है, जिससे पत्रकारों को सुरक्षा प्रदान करने में चुनौतियाँ आती हैं।
2. सरकारी समर्थन की कमी : सरकार से पर्याप्त समर्थन नहीं मिलने से पत्रकार सुरक्षा कानून के लिए प्रयासों में चुनौतियाँ आती हैं।
3. पत्रकारों की सुरक्षा : पत्रकारों की सुरक्षा एक बड़ी चुनौती है, खासकर जब वे खतरनाक और संवेदनशील मुद्दों पर रिपोर्टिंग करते हैं।

भारत सरकार को पत्रकार सुरक्षा कानून के लिए और अधिक प्रयास करने की आवश्यकता है, ताकि पत्रकारों को सुरक्षा प्रदान की जा सके और वे अपने काम को स्वतंत्र रूप से कर सकें।

(6)

पत्रकारों को अपने सूत्र गुप्त रखने का प्राप्त है वैधानिक अधिकार!

वर्तमान परिदृश्य में पत्रकारिता जिस स्थिति से गुजर रही है उससे कोई अंजान नही है। देश भर में पत्रकार विरोधी मानसिकता का तेजी से बढ़ना पत्रकारिता के लिए अशुभ संकेत हैं। वर्तमान हालात को देखकर न्यायपालिका द्वारा पत्रकारों की आजादी पर चिंतन स्वयं इस बात का प्रमाण है कि पत्रकारिता इस दौर में भय के बीच अपने दायित्व का निर्वाहन कर रही है उसकी आवाज दबाई जा रही है उसका दोहन किया जा रहा। सत्ता संगठन, माफिया आदि द्वारा पत्रकारिता को कुचला जा रहा है।

भले ही पत्रकारों को अभिव्यक्ति की स्वतंत्रता का अधिकार बाकी नागरिकों की तरह संविधान के अनुच्छेद 19 (1) (a) के तहत ही मिले हैं। जिसका उपयोग कर पत्रकार बिरादरी लोक तंत्र के चौथे स्तम्भ के सिपाही के रूप में अपने कर्तव्यों का निर्वाहन करती आई है। लेकिन जिस प्रकार पत्रकारों पर हमले हो रहे हैं वह चिंता का विषय है। और उनको प्राप्त संवैधानिक अधिकार अपना महत्व खोते जा रहे हैं। दुर्भाग्य का विषय है कि सरकारों के अनियमित आचरण का परिणाम है कि आज का पत्रकार असुरक्षा के बीच जीवन गुजार रहा है।

देश भर में पत्रकार उत्पीड़न की घटनाओं के थमने का कोई आधार नज़र नही आ रहा है। लोकतंत्र के चौथे स्तंभ का दर्जा रखने वाली पत्रकारिता हर मोर्चे पर उत्पीड़न की शिकार हो रही है। शासन सत्ता के टारगेट पर रहने वाले पत्रकार माफियाओं के निशाने पर हमेशा रहते हैं। प्रशासनिक तंत्र चाहे पुलिस हो या प्रशासन ताक में रहते हैं पत्रकार का उत्पीड़न करने के लिए। भय व आतंक के बीच अपने कर्तव्यों का निर्वाहन करने वाला पत्रकार दूषित मानसिकता का शिकार हो रहा। देश भर में पत्रकार समाज के प्रति माफिया, सफेद पोश अपराधियों, शासन सत्ता में बैठे जन प्रतिनिधि हैं या लोकसेवक हो, सबकी टेडी नजर पत्रकार समाज पर हमेशा गड़ी रहती है। अपने ज़मीर को बैचकर पत्रकारिता करने वाले सुरक्षित रहते हैं परंतु सच उजागर करने वाले क्रांतिकारी पत्रकार हमेशा अपराधियों के टारगेट पर रहते है।

साथियों, आज का विषय पत्रकारों को प्राप्त एक अन्य शक्ति के उपयोग पर आधारित है। आप को मालूम हो कि देश की कोई भी संस्था, व्यक्ति, संगठन चाहे वह शासकीय हो या अशासकीय

किसी को भी यह अधिकार नही है कि कोई भी पत्रकार से उसकी सूचना, खबर के सूत्र पूछ सकते हैं।

ज्ञातव्य हो कि पत्रकारों को अपने सोर्स गुप्त रखने का अधिकार प्रेस काउंसिल ऑफ इंडिया एक्ट 1978 में मिला हुआ है। एक्ट की धारा 15 (2) में साफ लिखा है कि किसी जर्नलिस्ट को खबर के सूत्र की जानकारी देने के लिए बाध्य नहीं किया जा सकता। यह वही अधिकार है जो पत्रकार को अपने स्रोतो, सूत्रों की जानकारी गुप्त रखने की शक्ति प्रदान करता है।

क्या है कानून :

प्रेस परिषद अधिनियम, 1978 की धारा 15(2), (2) उप-धारा (1) में कुछ भी किसी भी समाचार पत्र, समाचार एजेंसी, संपादक या पत्रकार को उस समाचार पत्र द्वारा प्रकाशित या उस समाचार एजेंसी, संपादक या पत्रकार द्वारा प्राप्त या रिपोर्ट की गई किसी भी समाचार या सूचना के स्रोत का खुलासा करने के लिए बाध्य नहीं माना जाएगा।

दुरांचल, ग्रामीण क्षेत्र के पत्रकार अधिकतर छोटे छोटे अधिकारी, कर्मचारियों के उत्पीड़न के शिकार होते हैं। उनके द्वारा अपने स्रोतों, सूत्रों के माध्यम से भ्रष्टाचार उजागर करने का प्रयास किया जाता है मगर उनको भ्रष्ट तंत्र द्वारा विवश किया जाता है कि वह मामले को दबाएं, उजागर नही करें। यहां तक कि उन पर दबाव डाला जाता है।

उन पत्रकारों को अपने स्रोतों, सूत्रों को उजागर करने पर तक विवश किया जाता है तो उन लोगों के लिए महत्वपूर्ण जानकारी साबित होगी कि प्रेस काउंसिल ऑफ इंडिया एक्ट 1978 एक्ट की धारा 15 (2) के अनुसार किसी जर्नलिस्ट को खबर के सूत्र की जानकारी देने के लिए बाध्य नहीं किया जा सकता। यह वही अधिकार है जो पत्रकार को अपने स्रोतो, सूत्रों की जानकारी गुप्त रखने की शक्ति प्रदान करता है।

(7)

चाटुकारिता की लगी दीमक ने निष्पक्ष पत्रकारिता का क्षरण कर दिया!

विगत 11 वर्षों के इस अंतराल में भारतीय मीडिया का जो रूप बदला, उससे हर कोई परिचित है। लोकतंत्र का चौथा स्तंभ कहा जाने वाली पत्रकारिता जिस प्रकार चाटुकारिता को परिभाषित कर रहा है वह निष्पक्ष पत्रकारिता के लिए अशुभ संकेत हैं। आज की शासन सत्ता भी निष्पक्ष पत्रकारिता को निशाने पर लिए है जिसका कारण है कि पत्रकारिता की अस्मिता को बचाने वाले जेल में और चाटुकारिता करने वाले विलासिता में नजर आते हैं।

गत दिनों क्रांतिकारी पत्रकार सिद्दिक कप्पन एक लम्बे अरसे बाद जेल की चार दिवारी से सम्मान सहित मुक्त हुए उनके जीवन का एक महत्वपूर्ण काल जेल में गुजरा वह भी निर्दोष होते हुए। अंतत:न्यायपालिका ने उनको मुक्त किया। फिर एक बार न्याय और न्यायपालिका पर विश्वास अडिग हुआ। मगर क्या यह सही था?

जिस आरोप में सिद्दीक कप्पन जेल में थे क्या वह राजनैतिक द्वेष था?

क्या सरकार को आईना दिखाना अपराध है?

क्या निष्पक्ष पत्रकारिता अपराध है?

क्या चाटुकारिता ही पत्रकारिता का महत्त्वपूर्ण अंग हो गया है?

यह तमाम सवाल हमें इस बात की ओर इशारा करते हैं कि वर्तमान संदर्भ में शासन सत्ता द्वारा जिस प्रकार निष्पक्ष पत्रकारिता का दोहन किया जा रहा है वह चिंता का विषय है। वही हाल ही में भारत सरकार द्वारा बीबीसी की रिपोर्ट को जिस तरह बैन किया उससे साफ ज़ाहिर है सरकार सच को स्वीकार नहीं करना चाहती। आलोचनात्मक टिप्पणी सरकार को स्वीकार नहीं है। सारा देश देख रहा है कि किस प्रकार सरकार और न्यायपालिका के मध्य रस्सा कशी का माहौल है। सरकार हर उस शक्ति को दबाने का प्रयास करती है जो सरकार की रीति और नीति पर उंगली उठाती है।

वर्ल्ड प्रेस फ्रीडम इंडेक्स 2021 की 180 देशों की सूची में भारत का स्थान 142 है। जबकि 2016 में भारत 133 वें स्थान के बाद भारत की रैंक में लगातार गिरावट आई जो कि चिन्ता का विषय है। 2014 से 2019 के बीच 198 मामले पत्रकारों पर गंभीर हमलों के सामने आये है।

भारत में 2010 से वर्तमान समय तक लगभग 75 से अधिक पत्रकारों की हत्यायें हो चुकी हैं। परन्तु केवल 3 मामलों में दोषियों को सजा हुई है। ताज्जुब की बात यह है कि नेशनल क्राइम रिसर्च ब्यूरो के पास पत्रकारों के खिलाफ अपराध का कोई डाटा नहीं है। आज भी राजनैतिक साजिशों के फलस्वरूप देश के विभिन्न जेलों में लगभग 100 से अधिक पत्रकार अकारण बंद है। कश्मीर के पत्रकार आसिफ सुल्तान को यूएपीए कानून लगा श्रीनगर के सेंट्रल जेल में रखे तीन साल से अधिक समय गुजर चुका है। आसिफ कश्मीर की अंग्रेजी पत्रिका "कश्मीर नैरेटर" में सहायक संपादक थे पुलिस ने उन पर चरमपंथियों को पनाह देने, हत्या और हत्या का प्रयास का झूठा मुकदमा लगाया। बड़ी दाढ़ी और टोपी देख शेष भारत के लोग मुस्लिमों को पहली नज़र में ही आतंकी ठहरा देते है, लेकिन ये लोग ये नहीं देखते 99 फीसद मुस्लिम युवा जिन पर आतंकी होने का आरोप रहता है वे बाद में न्यायालय से बाईज्जत बरी हो जाते हैं। आसिफ भी कल आज़ाद होगा, लेकिन जिंदगी के ये जो कीमती वक़्त जेल के सीखचों में कट रहा है इसे कोई अदालत या सरकार लौटा पायेगा?

कश्मीर के पत्रकार आसिफ सुल्तान की भांति देश की जेलों में अकारण कैद पत्रकारों की आवाज को दबाया जा रहा है। लोकतंत्र के चौथे स्तंभ की हत्या के प्रयास किए जा रहे हैं ऐसे में पत्रकारिता को सुरक्षित कहना अतिशयोक्ति होगी।

भारतीय संविधान के अनुच्छेद 19 के अनुसार प्राप्त अधिकारों का उपयोग कर हम भारत वर्ष में लोकतंत्र के चौथे स्तम्भ पत्रकारिता की गरिमा को कायम रखने का प्रयास कर रहे हैं। क्योंकि वर्तमान में पत्रकारिता अब भी स्वतंत्रता का अनुभव नहीं कर पा रही है। पत्रकारिता पर माफियाओं सहित राजनेताओं के दखल एवं अतिक्रमण का परिणाम है कि स्वतंत्र पत्रकारिता का अस्तित्व निरन्तर अपना महत्व खोता जा रहा है।

पत्रकारिता के सिस्टम में चाटुकारिता की लगी दीमक ने निष्पक्ष पत्रकारिता का क्षरण कर दिया है। कारपोरेट जगत के बढ़ते प्रभाव का परिणाम है कि अब पत्रकारिता जनता की आवाज के स्थान पर धनबल का आधार बन गई है। सत्ता के इर्द गिर्द घूमने वाले पत्रकारों ने पत्रकारिता के स्तर को रसातल तक पहुचा दिया है। इस सबके बावजूद भी यदि हम कहें कि पत्रकारिता स्वतंत्र है तो यह केवल भ्रम मात्र होगा।

पत्रकारिता व पत्रकारों पर बढ रहे हमलों की गंभीरता को लेकर सम्पूर्ण भारत में पत्रकार सुरक्षा कानून पारित कराने के लिये आन्दोलनरत् हमारा संगठन प्रेस क्लब ऑफ वर्किंग जर्नलिस्ट्स चाहता है कि पत्रकारिता का सत्य सुरक्षित हो पत्रकार सुरक्षित हो उसका परिवार

सुरक्षित हो। इसलिये पत्रकार सुरक्षा कानून हमारा अधिकार है। हमारी एकता ही हमारा हथियार है। पत्रकार एकता को कायम रखें।

पत्रकार सुरक्षा के लिए कुछ सुझाव :

पत्रकार सुरक्षा कानून : पत्रकारों की सुरक्षा के लिए विशिष्ट कानून बनाने की आवश्यकता है। ताकि पत्रकार निर्भीक होकर अपने कर्तव्यों का निर्वहन कर सकें। भय और आतंक के माहौल पर अंकुश लगे। निष्पक्ष पत्रकारिता पर हो रहे प्रहारों को रोका जाए। आरोपियों को कठोरतम दंड मिले।

गुजारा भत्ता : पत्रकारों को आर्थिक सहायता प्रदान करने के लिए गुजारा भत्ता देने की व्यवस्था होनी चाहिए। केंद्र सरकार सहित सभी प्रादेशिक सरकारों को आर्थिक रूप से अक्षम पत्रकारों को आर्थिक सहायता प्रदान करने के लिए गुजारा भत्ता देने की व्यवस्था करनी चाहिए ताकि आर्थिक स्थिति खराब होने के कारण इलाज के आभाव में पत्रकारों की अकस्मात मृत्यु पर रोक लगे और पत्रकार सहित उसके परिवार को संबल हासिल हो।

कैशलेस इलाज : पत्रकारों के लिए कैशलेस इलाज की सुविधा होनी चाहिए। देश भर के पत्रकारों को केंद्र सरकार की आयुष्मान योजना से जोड़ा जाए ताकि

बुनियादी सुविधाएं : पत्रकारों को बुनियादी सुविधाएं जैसे कि आवास, परिवहन आदि प्रदान की जानी चाहिए। ताकि आवश्यकता पड़ने पर पत्रकारों के लिए कैशलेस इलाज मुहैया हो सके।

सुरक्षा किट : पत्रकारों को सुरक्षा किट प्रदान की जानी चाहिए जिसमें सुरक्षा उपकरण और दिशानिर्देश शामिल हों।

(8)

स्वस्थ लोकतंत्र को आकार देने में मीडिया की महत्वपूर्ण भूमिका से इंकार नहीं किया जा सकता है

आज सम्पूर्ण देश भारतीय गणराज्य के सबसे बड़े संविधान लागू होने के स्वरूप मनाए जाने वाले गणतंत्र दिवस की वर्षगांठ मना रहा है। 26 जनवरी 1950 के दिन 'भारत सरकार अधिनियम'को हटाकर भारत के नवनिर्मित संविधान को लागू किया गया, तब हम अपने भारत को पूर्ण स्वतन्त्र कह सके। इसलिए 26 जनवरी के इस दिन की गरिमा को ध्यान में रख कर 26 जनवरी को भारत में गणतंत्र दिवस के रूप में मनाया जाने लगा। संविधान निर्माण तथा उसकी प्रस्तावना के पीछे पत्रकार समाज की भूमिका से इंकार नहीं किया जा सकता है। गाहे बगाहे हमारी स्वतंत्रता तथा संविधान के पीछे लोकतंत्र के चौथे स्तंभ पत्रकारिता का महत्वपूर्ण योगदान रहा है। ऐसे में आजादी के 77वर्ष गुजर जाने के बावजूद लोकतंत्र की रीढ़ कहे जाने वाले मीडिया की स्वतंत्रता अब भी कहीं न कहीं अधूरी लगती है। देश के बदलते हालात के बीच जिस तरह पत्रकारिता पर हमले हो रहे हैं उससे कोई अनभिज्ञ नही है। स्वस्थ लोकतंत्र को आकार देने में मीडिया महत्वपूर्ण भूमिका निभाता है। यह लोकतंत्र की रीढ़ है। मीडिया हमें दुनिया भर में होनेवाले विभिन्न सामाजिक, राजनीतिक और आर्थिक गतिविधियों से अवगत कराता है। यह एक दर्पण की तरह है, जो हमें दिखाता है या हमें सच्चाई और कठोर वास्तविकताओं को दिखाने का प्रयास करता है। मीडिया ने नि:संदेह विकास किया है और हाल के वर्षों में अधिक सक्रिय हो गया है। यह मीडिया ही है, जो राजनेताओं को चुनाव के समय अपने अधूरे वादों के बारे में याद दिलाता है। चुनाव के दौरान न्यूज़ चैनल अत्यधिक कवरेज लोगों तक पहुंचाता है; विशेषकर अशिक्षित व्यक्ति को भी सत्ता के चुनाव में मदद करता है। यह अनुस्मारक सत्ता में बने रहने के लिए राजनेताओं को अपने वादे के लिए मजबूर करता है। टेलीविजन और रेडियो ने ग्रामीण लोगों को अपनी भाषा में सभी घटनाओं के बारे में जागरूक करने में ग्रामीणों को शिक्षित करने में महत्वपूर्ण उपलब्धि हासिल की है। गांव के सिर और धन के शोषणकर्ताओं के शोषण के अपशिष्टों के कवरेज ने सरकार के ध्यान को आकर्षित करके उनके खिलाफ कठोर कार्रवाई करने में मदद की है।

मीडिया भी लोकतांत्रिक व्यवस्था में कमियों को उजागर करता है, जो आखिरकार सरकारों को कमियों की रिक्तता को भरने और एक प्रणाली को अधिक जवाबदेह, उत्तरदायी और

नागरिक–अनुकूल बनाने में मदद करता है।

मीडिया के बिना एक लोकतंत्र पहियों के बिना वाहन की तरह है।

सूचना प्रौद्योगिकी की उम्र में हम जानकारी के साथ बमबारी कर रहे हैं। हम सिर्फ एक माउस के एक क्लिक के साथ विश्व की घटनाओं की नब्ज प्राप्त करते हैं। सूचना के प्रवाह में कई गुना बढ़ गया है। राजनीति और समाज में बड़े पैमाने पर भ्रष्टाचार को उजागर करने में प्रौद्योगिकी और मानव संसाधन (पत्रकार) के सही मिश्रण ने एक भी पत्थर नहीं छोड़ा है। पिछले कुछ वर्षों में मीडिया पर लगातार हमले बढ़े हैं। पत्रकारों की देश भर में हो रही लगातार हत्याओं, अत्याचारों, प्रताडनाओ के खिलाफ अभियान चलाने वाले अखिल भारतीय संगठन प्रेस क्लब ऑफ वर्किंग जर्नलिस्ट लगातार पत्रकार सुरक्षा कानून के लिए देश भर में मज़बूती से आवाज़ उठा रहा है। पत्रकारों के हितों की रक्षा के लिए संघर्षरत संगठन ने तमाम देश के पत्रकारों को आव्हान किया है कि अपनी सुरक्षा एवम कल्याण के लिए जागृत होकर देशव्यापी अभियान में सहयोग प्रदान करें।

विचारों की अभिव्यक्ति की स्वतंत्रता क्या है?

भारतीय संविधान के अनुच्छेद 19(1) में विचारों की अभिव्यक्ति की स्वतंत्रता का प्रवधान है। विचारों की अभिव्यक्ति एक मौलिक अधिकार है जो व्यक्तियों को अपने विचारों, मतों और भावनाओं को स्वतंत्र रूप से व्यक्त करने की अनुमति देता है। यह अधिकार लोकतंत्र का एक महत्वपूर्ण स्तंभ है और व्यक्तियों को अपने विचारों को साझा करने, चर्चा करने और दूसरों के साथ संवाद करने की स्वतंत्रता प्रदान करता है।

विचारों की अभिव्यक्ति की स्वतंत्रता के कुछ महत्वपूर्ण पहलू हैं:

1. बोलने की स्वतंत्रता : व्यक्तियों को अपने विचारों और मतों को बोलकर या लिखकर व्यक्त करने की स्वतंत्रता होनी चाहिए।
2. लेखन की स्वतंत्रता : व्यक्तियों को अपने विचारों और मतों को लिखित रूप में व्यक्त करने की स्वतंत्रता होनी चाहिए, जैसे कि लेख, पुस्तकें, और ऑनलाइन सामग्री में।

(9)

दुराचार की घटनाओं के संबंध में प्रेस काउंसिल ऑफ इंडिया द्वारा मीडिया पर कसा शिकंजा

मद्रास हाई कोर्ट द्वारा जारी आदेश के संदर्भ में

देश में हर तरफ महिलाओं और बच्चियों के साथ दुराचार की बढ़ती घटनाओं पर हमेशा देश की न्यायालय चिंतित नजर आती है। समय समय पर सर्वोच्च न्यायालय तथा अधिनस्थ न्यायालयों द्वारा दिशा निर्देश जारी किए जाते हैं। साथ ही इन घटनाओं को कवर करने वाले प्रिंट, इलेक्ट्रॉनिक और सोशल मीडिया के व्यवहार पर भी न्यायालय द्वारा गाइडलाइन बनाई गई है। गत वर्ष इस महत्वपूर्ण विषय पर देश की सर्वोच्च न्यायालय ने चिंता व्यक्त करते हुए कहा था कि देश में यौन उत्पीड़न पीड़िताओं की तस्वीरें किसी भी रूप में प्रिंट, इलेक्ट्रॉनिक और सोशल मीडिया द्वारा प्रकाशित या प्रदर्शित नहीं की जाएं। सुप्रीम कोर्ट ने पीड़िताओं की तस्वीरें धुंधली (ब्लर) हो या संपादित (मॉर्फ्ड) करके भी प्रिंट, इलेक्ट्रॉनिक या सोशल मीडिया पर प्रकाशित या प्रसारित न करने का निर्देश दिया थे। शीर्ष अदालत ने राष्ट्रीय अपराध रिकॉर्ड ब्यूरो (एनसीआरबी) के आंकड़ों का हवाला देते हुए कहा कि हर दिन इस तरह की चार घटनाएं देश में दर्ज की जा रही हैं।

शीर्ष अदालत ने यौन उत्पीड़न से पीड़ित नाबालिगों का इंटरव्यू नहीं करने की चेतावनी देते हुए कहा था कि इसका दिमाग पर गंभीर असर पड़ता है। शीर्ष अदालत ने कहा था कि बाल यौन उत्पीड़न से पीड़ित बच्चों से सिर्फ राष्ट्रीय बाल अधिकार संरक्षण आयोग और राज्य बाल अधिकार संरक्षण आयोगों के सदस्य ही काउंसलर की मौजूदगी में इंटरव्यू कर सकते हैं।

सुप्रीम कोर्ट ने 2019 में बिहार के मुजफ्फरपुर बालिका गृह में लड़कियों के यौन शोषण की घटनाओं पर स्वतः संज्ञान लिया था और बालिका गृह में कथित यौन शोषण की शिकार लड़कियों का मीडिया द्वारा बार-बार साक्षात्कार लिए जाने पर भी चिंता जताई थी। पीड़िताओं की तस्वीरों का रूप बदलकर भी इन्हें इलेक्ट्रॉनिक मीडिया पर प्रसारित करने पर रोक लगाई थी। न्यायालय ने मीडिया को यौन शोषित पीड़िताओं का साक्षात्कार नहीं करने का निर्देश दिया और कहा कि उन्हें बार-बार अपने अपमान को दोहराने के लिए मजबूर नहीं किया जा सकता।

परंतु देखने में आया कि इन दिशा निर्देश पर अमल करने में बरती जा रही कोताही के कारण समाज के सामने गलत संदेश जा रहा था। इस सबके बाद सितंबर 2022 में मद्रास हाई कोर्ट

द्वारा इस विषय पर चिंता जाहिर करते हुए प्रेस काउंसिल ऑफ इंडिया को आदेश जारी किए हैं। गौर तलब हो कि प्रेस काउंसिल ऑफ इंडिया ने अपने पत्र क्रमांक पीआर/09/2022–पीसीआई दिनांक : 07-10-2022 के आधार पर प्रिंट और इलेक्ट्रॉनिक मीडिया के लिए दिशा निर्देश जारी किए हैं। जिसके अनुसार माननीय उच्च न्यायालय मद्रास के आदेश दिनांक 02.09.2022 के संदर्भ में भारतीय प्रेस परिषद मीडिया को पीड़ितों की पहचान और उनके बयानों के संबंध में किसी भी जानकारी को प्रकाशित करने से परहेज करने की सलाह दी गई है।

ज्ञात हो कि माननीय उच्च न्यायालय, मद्रास ने सीआरएल . एमपी. नंबर 13621/2021, क्रिओप 12934/2021 पुलिस निरीक्षक, सीबीआई, विशेष अपराध शाखा, चेन्नई बनाम अरुलनाथम @ के मामले में निम्नलिखित निर्देश पारित किए हैं :

"चूंकि मामला यौन शोषण और यौन हिंसा से संबंधित है, सभी प्रिंट और इलेक्ट्रॉनिक मीडिया को पीड़ितों या किसी भी गवाह के बयान से संबंधित किसी भी सामग्री को प्रकाशित और प्रसारित या प्रसारित करने से रोक दिया गया है। प्रिंट और इलेक्ट्रॉनिक मीडिया को भी प्रकाशित करने से रोक दिया गया है, और पीड़ितों, उनके परिवार के सदस्यों की पहचान का प्रसारण या प्रसारण करना और गवाह, जो मुकदमे में या तो विकृत रूप में या धुंधले रूप में गवाही देते हैं।

प्रिंट और इलेक्ट्रॉनिक मीडिया को भी किसी भी दस्तावेजी साक्ष्य या किसी भी डिजिटल साक्ष्य को प्रकाशित करने से रोक दिया गया है जिसे परीक्षण के दौरान चिह्नित किया जा सकता है। संक्षेप में, प्रिंट और इलेक्ट्रॉनिक मीडिया को मामले की सुनवाई से जुड़ी किसी भी मौखिक या दस्तावेजी सामग्री को प्रकाशित करने से रोक दिया गया है।"

प्रेस काउंसिल ऑफ इंडिया द्वारा जारी दिशा निर्देश के माध्यम से कहा कि यह स्पष्ट किया जाता है कि पूर्वोक्त निर्देशों के प्रिंट या इलेक्ट्रॉनिक मीडिया द्वारा किसी भी उल्लंघन के लिए न्यायालय द्वारा उक्त संस्था के खिलाफ कड़ी कार्रवाई की जाएगी।

(10)

भारत में पत्रकारिता को स्वतंत्र कहना बेमानी

संपूर्ण भारत में निष्पक्ष, स्वच्छ और स्वतंत्र पत्रकारिता पर मानो ग्रहण लग गया है। देश भर में पत्रकारों पर हमले, सच लिखने, बोलने वाले पत्रकारों पर मुकदमें दर्ज होना अब आम हो गया है। निष्पक्ष पत्रकारिता के स्थान पर चाटुकारिता जिसे गोदी मीडिया के नाम से जाना पहचाना जाता है का बोलबाला है। ऐसे में आज विश्व प्रेस स्वतंत्रता दिवस के अवसर पर भारतीय पत्रकारिता को स्वतन्त्र कहना बेमानी लगता है।

गत दिनों जब देश के उपराष्ट्रपति ने जवाबदेह मीडिया कवरेज का आह्वान किया तो मुझे यह उपहास लगा। माननीय उप राष्ट्रपति जी भलीभांति जानते पहचानते हैं कि वर्तमान परिदृश्य में यदि मीडिया जवाबदेही के साथ कवरेज करती है तो उसे यू ए पी ए कानून का सामना करना पड़ता है। अभी ज्यादा समय नहीं गुजरा जब त्रिपुरा में हुए दंगे की रिपोर्ट उजागर करने वाले अधिवक्ताओं और पत्रकारों को किस प्रकार प्रताड़ित किया गया। क्रांतिकारी पत्रकार श्याम मीरा सिंह का क्या दोष था, केवल ट्वीटर पर यही तो लिखा था कि "त्रिपुरा जल रहा है" और उन पर यू ए पी ए लगाया गया था। धन्य हो सर्वोच्च न्यायालय जिसने लाज रख ली, अन्यथा त्रिपुरा सरकार के नंगे नाच ने पत्रकारिता की अस्मिता को तार-तार कर दिया था।

उपराष्ट्रपति के खबरों को सनसनीखेज बनाने की बढ़ती प्रवृत्ति के बारे में चिंता जाहिर करना कितना सार्थक?

गत दिनों ऑल इंडिया रेडियो एफएम स्टेशन नेल्लोर में 10 किलोवाट एफएम संचालन के लिए 100 मीटर ऊंची टॉवर का उद्घाटन के समय उपराष्ट्रपति जी ने खबरों को सनसनीखेज बनाने की बढ़ती प्रवृत्ति के बारे में चिंता जाहिर की। उनका यह बयान ऐसे समय में आया जब देश की गोदी मीडिया के शत प्रतिशत समाचार चैनल झूठी, तथ्यहीन खबरों को सनसनीखेज बनाकर टी आर पी बना रहे है। सच्चाई से कोसो दूर इन चैनलों से प्रसारित खबरें देश के सांप्रदायिक सौहार्द को तहस नहस करने पर आमादा रहते है। निसंदेह उपराष्ट्रपति महोदय की चिंता जायज है। लेकिन वर्तमान परिदृश्य में उनकी चिंता कोई मोल नहीं रखती वह स्वयं इस बात से चिर-परिचित हैं वह अपने मन की बात कह जरूर रहे हैं लेकिन समय मुनासिब नहीं है। एक समय वह था जब पत्रकारिता शासन सत्ता की कमियों को उजागर करके जनता जनार्दन का ज्ञान वर्धन

करती थी एक यह समय है जब पत्रकारिता सत्ता की चाटुकारिता को भी अपनी नैतिक जिम्मेदारी समझती है।

मुझे बड़ा आश्चर्य हुआ जब उस कार्यक्रम में उपराष्ट्रपति महोदय द्वारा कहा गया कि प्रेस की आजादी लोकतंत्र के लिए अनिवार्य है। बेशक प्रेस की आजादी लोकतंत्र के लिए अनिवार्य है। लेकिन क्या वर्तमान समय में प्रेस की आजादी और सच्चा लोकतंत्र जीवित बचा है। यदि चिंतन मनन किया जाए तो लोकतंत्र के हर स्तंभ की हालत खस्ता है। कार्यपालिका मुक बधिर् है, व्यवस्थापिका नियंत्रण मुक्त है, न्यायपालिका का अस्तित्व और विश्वसनीयता पर लगातार प्रहार हो रहे हैं और रहा चौथा स्तंभ जिसे किसी ज़माने में जनता की आवाज कहा जाता था वह लाचार, सहमा हुआ कारपोरेट जगत के नियंत्रण में भय और आतंक के बीच अंतिम सांसे ले रहा है। मुट्ठी भर जिम्मेदार पत्रकारों की मौजूदगी और उनके कर्तव्य परायणता का परिणाम है कि जनता की आवाज ओर सच्चाई का आईना सत्ता और शासन तक पहुंचता है। यह और बात है कि गिद्ध दृष्टि वाले सत्ता नशीन उनको परेशान करते रहते हैं लेकिन वह सबको नजर अंदाज कर अपने दायित्वों का निर्वाहन बखूबी करते हैं। देश भर में सैकड़ों पत्रकार सरकारों की सच्चाई उजागर करने के फलस्वरूप देश भर की जेलों में सड़ रहे हैं मगर सत्ता नशीनो के आगे नत मस्तक नही हो रहे हैं। सलाम उनके जज्बे को, सलाम उनकी हिम्मत को जो असुरों से निरंतर लड़ रहे हैं।

देश में पत्रकारिता के गिरते स्तर और वर्तमान पत्रकारिता पर गत दिनों पेशेवर करिअर की शुरुआत एक पत्रकार के रूप में करने वाले चीफ जस्टिस एनवी रमना ने एक कार्यक्रम के दौरान कहा था कि पूर्व में हमने घोटालों और कदाचार को लेकर अख़बारों की रिपोर्ट देखी हैं, जिनसे हलचल पैदा हुई हैं, लेकिन हाल के सालों में बेमुश्किल एक या दो को छोड़कर इस तरह की कोई खोजी रिपोर्ट याद नहीं आती। उनका इशारा चाटुकार पत्रकारिता की ओर था और साथ ही साथ असल पत्रकारिता के दोहन की ओर था। भारतीय संविधान के अनुच्छेद 19 (1) (क) के वाक् एवं अभिव्यक्ति की स्वतंत्रता अर्थात प्रेस की आजादी जो कि मौलिक अधिकार के अर्न्तगत आते हैं जिसका वर्तमान संदर्भ में शासन, सत्ता ओर पुलिस द्वारा उपयोग नही किया जा रहा है। सरकारों द्वारा कई बार अधिसूचनाओं को जारी कर पत्रकारो की सुरक्षा के निर्देश देती हैं। परन्तु उसके बावजूद पत्रकार असुरक्षा की भावना के साथ अपने कर्त्तव्यों का निर्वाहन कर रहे हैं। भारत सरकार गृह मंत्रालय एडवाजरी दिनॉक 01/04/2010 सहित भारत सरकार गृह मंत्रालय परिपत्र क्रमांक 24013/46/ एमआईएससी/2013 सीआरसी–3 नई दिल्ली दिनाँक 20/10/2017 द्वारा समस्त राज्यों सहित केन्द्र शासित प्रदेशों को एडवाजरी के माध्यम से

पत्रकार सुरक्षा का प्रावधान किया गया है। लेकिन दुर्भाग्य का विषय है कि भारत वर्ष में न तो गाइडलाइन का अनुपालन होता है और न उसके प्रति कोई जवाबदेही निर्धारित की जाती है।

आज हम प्रेस स्वतंत्रता दिवस मना रहे हैं उसका अर्थ बेमानी है मध्यप्रदेश के सीधी की घटना हो या उत्तर प्रदेश के बलिया की घटना हर जगह पत्रकारों को शोषण और पत्रकारिता का दोहन हो रहा है। ऐसे विकट समय में वर्तमान पत्रकारिता को स्वतन्त्र कहना निराधार होगा।

विचारों की अभिव्यक्ति की स्वतंत्रता के कई फायदे हैं:

1. विचारों का आदान-प्रदान: यह अधिकार व्यक्तियों को अपने विचारों को साझा करने और दूसरों के विचारों को सुनने की अनुमति देता है, जिससे विचारों का आदान-प्रदान होता है।
2. सत्य की खोज: विचारों की अभिव्यक्ति की स्वतंत्रता से सत्य की खोज में मदद मिलती है, क्योंकि विभिन्न दृष्टिकोणों को प्रस्तुत किया जा सकता है।
3. लोकतंत्र की मजबूती: यह अधिकार लोकतंत्र को मजबूत बनाने में मदद करता है, क्योंकि व्यक्तियों को अपने विचारों को व्यक्त करने और सरकार को जवाबदेह ठहराने की अनुमति देता है।

हालांकि, विचारों की अभिव्यक्ति की स्वतंत्रता के कुछ सीमाएं भी हो सकती हैं, जैसे कि:

1. अश्लीलता और हिंसा: अभिव्यक्ति की स्वतंत्रता के नाम पर अश्लीलता और हिंसा को बढ़ावा नहीं दिया जा सकता है।
2. मानहानि और बदनामी: व्यक्तियों को दूसरों की मानहानि और बदनामी करने की अनुमति नहीं है।
3. राष्ट्रीय सुरक्षा: अभिव्यक्ति की स्वतंत्रता के नाम पर राष्ट्रीय सुरक्षा को खतरा नहीं पहुंचाया जा सकता है।

(11)

पत्रकारों की सुरक्षा के प्रति उदासीन केंद्र सहित राज्य सरकारें

केंद्र सरकार सहित देश की विभिन्न प्रादेशिक सरकारें देश में पत्रकारों पर हो रहे हमलों को लेकर चिंतित नज़र नही आ रही। यही कारण है कि वर्षो से पत्रकार सुरक्षा कानून की मांग को नज़र अंदाज़ किया जा रहा है। तथा अब तक किसी भी प्रादेशिक सरकार द्वारा पत्रकार सुरक्षा कानून लागू नही चिंताजनक है।

प्रेस क्लब ऑफ वर्किंग जर्नलिस्ट्स द्वारा लगातार पत्रकार सुरक्षा कानून की मांग का अभियान चलाया जा रहा है। अंतरराष्ट्रीय प्रेस स्वतन्त्रता दिवस के अवसर पर संगठन द्वारा प्रधानमंत्री को लिखे पत्र का उत्तर देते हुए सूचना प्रसारण मंत्रालय द्वारा जो उत्तर प्रस्तुत किया वह हास्यास्पद है।

सूचना प्रसारण मंत्रालय द्वारा दिए गए उत्तर में यह कहा गया कि गृह मंत्रालय द्वारा दिनाँक 20/10/2017 को समस्त प्रादेशिक सरकारों सहित केंद्र शासित सरकारँ को पत्रकारो की सुरक्षा के लिए गाइडलाइन घोषित की थी, जिसका सम्पूर्ण भारत ने पालन सुनिश्चित किया गया था, मगर दुर्भाग्यवश जिस पर आज दिनाँक तक किसी भी सरकार ने पूर्ण रूप से अमल नही किया।

क्या है गृह मंत्रालय भारत सरकार की गाइडलाइन

गृह मंत्रालय द्वारा दिनाँक 20/10/2017 को समस्त प्रादेशिक सरकारों सहित केंद्र शासित सरकारँ को पत्रकारो की सुरक्षा के लिए गाइडलाइन :–

केंद्र सरकार द्वारा लिखा गया था कि देश में पत्रकारों पर हो रहे हमलों को लेकर गृह मंत्रालय चिंतित है। इसे लेकर केंद्रीय गृह मंत्रालय ने सभी राज्यों से अभिव्यक्ति की स्वतंत्रता का प्रयोग करने वाले पत्रकारों की सुरक्षा सुनिश्चित करने को कहा है। मंत्रालय ने मीडियाकर्मियों पर हमले की बढ़ती घटनाओं को देखते हुए यह निर्देश दिया है। राज्यों को जारी निर्देश में गृह मंत्रालय ने पत्रकारों पर हुए हमले की जांच में तत्परता बरतने के लिए भी कहा है।

मंत्रालय ने कहा है कि अपराधियों को समय पर कठघरे तक पहुंचाया जाना सुनिश्चित करना होगा। राज्यों को दिए निर्देश में गृह मंत्रालय ने कहा है कि “लोकतंत्र का चौथा स्तंभ महत्वपूर्ण है।

यह सुनिश्चित करता है कि नागरिकों को संविधान में मुहैया कराए गए अभिव्यक्ति की स्वतंत्रता का अधिकार हासिल है। नागरिक बिना किसी भय के स्वतंत्र रूप से अपना विचार रख सकते हैं।

पत्रकारों को सुरक्षा मुहैया कराना राज्यों का कर्तव्य है। क्योंकि पत्रकार यह सुनिश्चित करते हैं कि जनता की आवाज हुक्मरानों तक पहुंचे। वहीं देश के सामने सच्चाई लाने के लिए भी वो खतरे मोल लेते हैं।

गृह मंत्रालय द्वारा दिनाँक 20/10/2017 को समस्त प्रादेशिक सरकारों सहित केंद्र शासित सरकारोँ को पत्रकारो की सुरक्षा के लिए गाइडलाइन का यदि समस्त प्रादेशिक सरकारेँ अक्षरत: पालन कर लेती तो सम्भवत: पत्रकार सुरक्षा कानून की ज़रूरत ही नही पड़ती।

परंतु सरकारों ने गृह मंत्रालय की गाइडलाइंस को नज़र अंदाज़ कर दिया और फलस्वरूप देश भर में पत्रकारों के खिलाफ मुक़दमेबाज़ी, झूठी एफआईआर ओर हत्या हत्या के प्रयास जानमाल के नुकसान की घटनाएं बदस्तूर चलती रही। यदि गौर किया जाए तो अक्टूबर 2017 से अब तक सम्पूर्ण देश मे लगभग 25 पत्रकारों ने अपनी जाने गवाईं हैं।

महाराष्ट्र सहित उत्तरप्रदेश में पत्रकार सुरक्षा हेतु कानून की अवधारणा की गई। परन्तु सरकार द्वारा बनाये गए पत्रकार कानून को राष्ट्रपति ने यह कहकर नकार दिया कि एक ही अपराध के लिए दो कानूनों की आवश्यकता नही है।

नतीजतन महाराष्ट्र सरकार का कानून अमल में आने से पूर्व ही दम तोड़ गया। पत्रकारों की कब्रगाह कहलाने वाले राज्य उत्तरप्रदेश में वैसे की कानून नाम की कोई चीज़ नही ऐसे में उस राज्य में पत्रकारों की सुरक्षा की उम्मीद बेमानी है। यही कारण है कि उत्तरप्रदेश में सबसे ज़्यादा पत्रकारों पर हमले या हत्या या हत्या के प्रयास की घटनाओं सहित झूठी एफआईआर होने के मामले आम बात है।

छत्तीसगढ़ में सत्ता परिवर्तन के बाद जिस तरह भूपेश बघेल सरकार ने पत्रकार सुरक्षा कानून के प्रति गहरी रुचि दिखाई थी उससे उम्मीद जताई जा रही थी कि देश का पहला राज्य छत्तीसगढ़ होगा जिसने पत्रकार सुरक्षा कानून लागु किया। परन्तु सरकार बने 2 वर्ष से अधिक होने के बावजूद पत्रकार सुरक्षा कानून लागू नही होना उनकी मानसिकता को उजागर कर गया।

मध्यप्रदेश में 2003 से भाजपा सत्ता में है 15 माह की कमलनाथ सरकार को अलग कर दिया जाए तो लगभग 17 वर्षो में मध्यप्रदेश में पुरज़ोर मांग के बावजूद पत्रकार सुरक्षा कानून नही बना। कमलनाथ सरकार ने 2018 में सत्ता में आने से पूर्व ओर आने के बाद पत्रकार सुरक्षा कानून लागू करने की घोषणा ज़रूर की परन्तु 15 माह के कार्यकाल में वह घोषणा अमलीजामा

नही पहन पाई। ऐसा नही की मध्यप्रदेश पत्रकार सुरक्षा के प्रति सजग रहा हो।

यहाँ भी केवल परिपत्र बने अमल नही हुआ। कॉंग्रेस की अर्जुन सिंह सरकार में 1986 में पहली बार गृह मंत्रालय से जारी परिपत्र में यह उल्लेखित किया गया था कि अधिमान्य या गैर अधिमान्य पत्रकारों के विरुद्ध अपराध दर्ज होने पर उनकी गिरफ्तारी से पूर्व उप पुलिस महानिरीक्षक स्तर का अधिकारी जांच करेगा, समय समय पर अलग अलग परिपत्र अस्तित्व में आये परन्तु पुलिस ने अमल एक पर भी नही किया। फलस्वरूप 1986 से आज तक हज़ारो पत्रकारो को पुलिस की तानाशाही का दंश झेलना पड़ा।

प्रेस क्लब ऑफ वर्किंग जर्नलिस्ट्स पत्रकार सुरक्षा एवं कल्याण के लिए संघर्षरत अखिल भारतीय पंजीकृत संगठन है जो सम्पूर्ण भारत मे पत्रकार सुरक्षा कानून लागू कराने के लिए अभियान चलाए है।

(12)

प्रेस की आजादी पर छाया संकट- राष्ट्रीय प्रेस दिवस पर विशेष

भारत के संदर्भ पत्रकारिता कोई एक-आध दिन की बात नहीं है, बल्कि इसका एक दीर्घकालिक इतिहास रहा है। प्रेस के अविष्कार को पुर्नजागरण एवं नवजागरण के लिए एक सशक्त हथियार के रूप में प्रयुक्त किया गया था। भारत में प्रेस ने आजादी की लड़ाई में अपनी महत्वपूर्ण भूमिका का निर्वहन कर गुलामी के दिन दूर करने का भरसक प्रयत्न किया। कई पत्रकार, लेखक, कवि एवं रचनाधर्मियों ने कलम और कागज के माध्यम से आजादी की आग को घी-तेल देने का काम किया। प्रेस की आजादी को लेकर आज कई सवाल उठ रहे हैं। पत्रकार और पत्रकारिता के बारे में आज आमजन की राय क्या है? क्या भारत में पत्रकारिता एक नया मोड़ ले रही है? क्या सरकार प्रेस की आजादी पर पहरा लगाने का प्रयास कर रही है? क्या बेखौफ होकर सच की आवाज को उठाना लोकतंत्र में 'आ बैल मुझे मार' अर्थात् खुद की मौत को सामने से आमंत्रित करना है? ये कुछ ऐसे सवाल हैं जो आज हर किसी के जेहन में उठ रहे हैं।

बेशक, मीडिया सूचना स्त्रोत के रूप में खबरें पहुंचाने का काम करता है, तो हमारा मनोरंजन भी करता है। मीडिया जहां संचार का साधन है, वही परिवर्तन का वाहक भी है। लेकिन वर्तमान परिप्रेक्ष्य में निरंतर हो रही पत्रकारों की हत्या, मीडिया चैनलों के प्रसारण पर लगाई जा रही बंदिशे व कलमकारों के मुंह पर आए दिन स्याही पोतने जैसी घटनाओं ने प्रेस की आजादी को संकट के घेरे में ला दिया है।

बेंगलुरु में कन्नड़ भाषा की साप्ताहिक संपादक व दक्षिणपंथी आलोचक गौरी लंकेश की गोली मारकर की गई निर्मम व निंदनीय हत्या इसका उदाहरण है। यही ही नहीं इससे पहले नरेंद्र दाभोलकर, डॉ. एम.एम. कलबुर्गी और डॉ. पंसारे की हत्या हो चुकी है। इंटरनेशनल फेडरेशन ऑफ जर्नलिस्ट यानी आई.एफ.जे. के सर्वे के अनुसार अकेले वर्ष 2016 में पूरी दुनिया में 122 पत्रकार और मीडियाकर्मी मारे गए। जिसमें भारत में भी छह पत्रकारों की हत्या हुई है। आज ऐसा कोई सच्चा पत्रकार नहीं होगा जिसे रोज-ब-रोज मारने व डराने की धमकी नहीं मिलती होगी।

माना जाता है कि हाल के दिनों में सरकार की नीतियों पर सवाल उठाने वाले लोगों पर हमले तेज हुए हैं। इसके सबसे ज्यादा शिकार ईमानदार पत्रकार व सच्चे समाजसेवी रहे हैं। उन्मत्त भीड़

द्वारा किए गए हमलों में कई बार सरकार की भी शह होती है। यही वजह है कि वर्ल्ड प्रेस फ्रीडम इंडेक्स में भारत तीन पायदान पीछे होते हुए 136 नंबर पर आ गया है यानी भारत में प्रेस की आजादी पर बहुत बड़ा संकट दिखाई पड़ता है।

यूं तो सत्ता और मीडिया में छत्तीस का आंकड़ा रहा है। लेकिन कई बार शक्तिशाली सत्ताएं मीडिया के दमन से भी परहेज नहीं करती। दूसरी बात यह कि कई बार मीडिया भी अपने मूल चरित्र से इत्तर कुछ लाभ के लिए सत्ता और बाजार के हाथों की कठपुतली बन जाती है। इन सब के बावजूद एक तबका ऐसा है जो आज भी स्वतंत्र अखबार के बिना सरकार की मान्यता को खारिज करता है और मीडिया की आजादी के लिए प्रतिबद्ध है।

सवाल उठता है कि क्या मीडिया पर युक्ति युक्त प्रतिबंध मतलब लोगों के मौलिक अधिकार का हनन है? क्या ये आइडिया ऑफ फ्रीडम की मान्यता के खिलाफ है? क्या ये आपातकाल दो का संकट है। इस तरह मूल सवाल यही है कि वर्तमान में मीडिया का चाल, चरित्र और आचरण क्या और क्यों है? तथा उस पर सरकार के नियंत्रण की कोशिश कितनी उचित है? मिशन से प्रोफेशन की ओर बढ़ते मीडिया की संकल्पना बाजारवाद की ओर इंगित करती है।

एडविन बर्क द्वारा मीडिया को लोकतंत्र का चौथा स्तंभ कहा गया। वहीं भारतीय संविधान के अनुच्छेद 19 (1) (क) के वाक् एवं अभिव्यक्ति की स्वतंत्रता से जोड़कर देखा जाता है यानी की प्रेस की आजादी मौलिक अधिकार के अंतर्गत आती है। फिर भी सरकार इस पर प्रतिबंध क्यों चाहती है? इसकी कुछ वजह इस प्रकार है- दक्षिणपंथ का असर, सरकार का अधिकारवादी चरित्र, मीडिया की अति-सक्रियता, बाजार का बढ़ता जोर, नागरिक अधिकारों को कमजोर करने की साजिश और सरकारों द्वारा प्रश्नों से परे जाने की चाहत इत्यादि। सरकार चाहे लोकशाही हो या राजशाही, मूल में अधिकारवादी ही होती है। लेकिन मीडिया अपने मूल चरित्र में प्रश्न करता हुआ ही होता है। इसलिए सरकार नहीं चाहती कि कोई उसी कठघरे में खड़ा करें।

जब भी केंद्र में बहुमत की सरकार आती है तब प्रेस की आजादी पर अंकुश लगना प्रारंभ हो जाता है। सन् 1975 में इंदिरा गांधी द्वारा लगाया गया आपातकाल इसका प्रत्यक्ष उदाहरण है। वही स्थिति आज के समय में देखी जा रही है। जहाँ विनोद दुआ, सिद्धार्थ वरदराजन को सच दिखाने सुनाने के लिए प्रताड़ित किया जाता है तो झूठ के समंदर में बैठे अर्नब गोस्वामी पर आत्महत्या के लिए उकसाने के मामले में जेल जाने पर ऐसा होहल्ला किया जाता है जैसे पहली बार किसी पत्रकार पर वज्रपात हुआ है। गौरी लंकेश की हत्या पर जश्न मनाने वाले अर्नब गोस्वामी की गिरफ्तारी पर धरना प्रदर्शन करते दिखाई दिए। इस बात को दरकिनार नहीं किया

जा सकता कि आधुनिक समय में मीडिया पर प्रलोभन और धन कमाने की चाहत सवार है। खबरों व डिबेट्स के नाम पर फेक न्यूज का चलन इस बात को पुख्ता करता है। वरन् क्या बात थी कि विदर्भ में किसानों का हाल जानने के लिए केवल छह पत्रकार ही गए और मुंबई के फोटो शो में छह सौ पत्रकारों की भीड़ उमड़ पड़ी। मीडिया में आम आदमी की समस्याओं से इत्तर होकर अनुपयोगी रियल्टी शो संचालित होने लग गए हैं। पत्रकारिता की जनहितकारी भावनाओं को आहत किया जा रहा है। यह भी ध्यान देने योग्य बात है कि मीडिया की स्वतंत्रता का मतलब कदापि स्वच्छंदता नही है। खबरों के माध्यम से कुछ भी परोस कर देश की जनता का ध्यान गलत दिशा की ओर ले जाना कतई स्वीकार्य नहीं किया जा सकता। मीडिया की अति-सक्रियता लोकतंत्र के लिए घातक सिद्ध हो रही है। निष्पक्ष पत्रकार पार्टी के एजेंट बन रहे हैं। एक बड़ा पत्रकार तबका सत्ता की गोद में खेल रहा है। आदर्श और ध्येयवादी पत्रकारिता धूमिल होती जा रही है व पीत पत्रकार का पीला रंग तथाकथित पत्रकारों पर चढ़ने लग गया है।

हाल की सरकारें दक्षिणपंथी विचारधारा के कट्टरता में सबसे पहले मीडिया की स्वतंत्र को बाधित करती है और विपक्ष को मृतप्राय बनाकर छोड़ देती है। जिससे जनहितकारी नीतियों की उपेक्षा कर देश में लूटतंत्रकारी नीतियों को आसानी से लागू किया जा सकें। आज मीडिया की दिशा व दशा को लेकर गंभीर चिंतन की आवश्यकता है।

(13)

जब प्रेस आज़ाद ही नही तो प्रेस दिवस का क्या औचित्य ?

प्रेस की आजादी की रक्षा के लिऐ गठित प्रेस कौंसिल अर्थात भारतीय प्रेस परिषद का गठन तो 04 जुलाई 1966 को हो गया था पर उसने सुचारू रूप से काम करना आज ही के दिन 16 नवम्बर 1966 से आरंभ किया था। जिसके कारण तबसे आज ही के दिन संपूर्ण भारत में राष्ट्रीय प्रेस दिवस मनाया जाता है।

प्रेस परिषद गठित करने का असल मकसद था कि देश में प्रेस की आजादी को बचाए-बनाए रखा जाए और साथ ही साथ पत्रकारिता के उच्च मापदंडों की रक्षा में मदद करना।

परन्तु अपने गठन से आज तक प्रेस परिषद अपने उददेश्य में कितनी सफल हुई यह विषय ही प्रासंगिक है। ऐसे कई सवाल हैं जिनके उत्तर आज तक नही मिले जैसे देश की मीडिया कितनी आजादी से काम कर पा रही है और पत्रकारिता अपने उद्देश्य और सिद्धान्तों में कितनी सफल हो रही है?

क्या प्रेस परिषद ने मीडिया जगत में ऐसी प्रतिष्ठा, पहचान और विश्वसनीयता बनाई है कि कोई भी आघात लगते ही मीडिया उसके पास जाए? क्या ऐसे मौकों पर प्रेस परिषद ने उन्हें सम्बल देते हुए उनके साथ न्याय सुनिश्चित किया है? अथवा फिर वह एक और सरकारी विभाग ही साबित हुई? इन सब सवालों के जवाब में प्रेस परिषद निरुत्तर है।

पिछ्ले एक दशक में संपूर्ण भारत में पत्रकारों की हत्याओं की घटनाओ ने प्रेस की आज़ादी पर सवाल उठाया। भूमाफियाओं, अपराधियों और सफेद पोश अपराधियों के ख़िलाफ़ आवाज़ उठाने वाले पत्रकारों की निर्मम हत्याएं साक्षी हैं प्रेस परिषद की असहाय स्थिति की। सरकार द्वारा पत्रकार सुरक्षा के नाम पर कौई ठोस कदम नही उठाना भी इस बात का प्रमाण है कि सरकार खुद नही चाहती की कि प्रेस की आज़ादी बरकरार रहे।

आज राष्ट्रीय प्रेस दिवस के अवसर पर हम यह मेहसूस कर रहे हैं कि निरन्तर प्रेस की आज़ादी पर आघात किये जा रहे हैं, निरन्तर प्रेस पर अंकुश लगाए जा रहे हैं। पत्रकारों के बीच असुरक्षा की भावना दिन प्रतिदिन विकराल रूप ले रही है। लोकतंत्र का चौथा स्तंभ कहलाने वाली पत्रकारिता अपने आपको असहाय मेहसूस कर रही है।

प्रेस परिषद के गठन 1966 से वर्तमान समय तक पत्रकार सुरक्षा क़ानून का लागू नही होना इस बात का प्रमाण है कि भारत में प्रेस की स्वतन्त्रता केवल कहने मात्र की है वास्तविकता में प्रेस की आजादी दिन ब दिन क्षीण होती जा रही है। भारतीय प्रेस परिषद स्वयम में प्रासंगिकता की भूमिका मैं है जो देख सुन सब रहा है, करना भी बहुत चाहता है, परन्तु असहाय है कुछ चाहकर भी करने की स्थिति में नही है। ऐसे हालात में राष्ट्रीय प्रेस दिवस मनाने का क्या औचित्य? जब प्रेस आज़ाद ही नही तो प्रेस दिवस का क्या औचित्य ? पत्रकार सुरक्षित नही तो क्या आर्थ बचा है भारतीय प्रेस परिषद का। ऐसे हालात में अर्थहीन है राष्ट्रीय प्रेस दिवस ?

मीडिया की आचार संहिता

मीडिया की आचार संहिता एक महत्वपूर्ण दस्तावेज है जो पत्रकारों और मीडिया संगठनों के लिए नैतिक दिशानिर्देश प्रदान करती है।इसका उद्देश्य पत्रकारिता की गुणवत्ता और विश्वसनीयता को बनाए रखना है।

मीडिया आचार संहिता के मुख्य बिंदु :

1. सत्य और निष्पक्षता : पत्रकारों को सच्ची और निष्पक्ष जानकारी प्रदान करनी चाहिए।
2. स्वतंत्रता और स्वायत्तता : पत्रकारों को स्वतंत्र और स्वायत्त रूप से काम करना चाहिए।
3. नैतिकता और जवाबदेही : पत्रकारों को नैतिक मानकों का पालन करना चाहिए और अपने कार्यों के लिए जवाबदेह होना चाहिए।
4. गोपनीयता और स्रोतों की सुरक्षा : पत्रकारों को स्रोतों की गोपनीयता का सम्मान करना चाहिए और उनकी सुरक्षा सुनिश्चित करनी चाहिए।
5. पक्षपात और पूर्वाग्रह से बचना : पत्रकारों को पक्षपात और पूर्वाग्रह से बचना चाहिए और निष्पक्ष रिपोर्टिंग करनी चाहिए।

अध्याय - 4

1. मानव अधिकार क्या हैं।
2. मानव अधिकार आयोग का कार्य।
3. जांच कार्य से संबंधित प्राप्त अधिकार।
4. सार्वभौमिक मानव अधिकार।
5. बुनियादी मानवाधिकार
6. मानवाधिकारों की सार्वभौमिक घोषणा।
7. क्या मानवाधिकार घोषणा पत्र के अनुच्छेद
8. भारत में मानव अधिकार और उनकी प्रासंगिकता
9. सामाजिक न्याय

(1)

मानव अधिकार क्या है

मानव अधिकार से तात्पर्य उन सभी अधिकारों से है जो व्यक्ति के जीवन स्वतंत्रता समानता एवं प्रतिष्ठा से जुड़े हुए हैं। यह अधिकार भारतीय संविधान के भाग .तीन में मूलभूत अधिकारों के नाम से वर्णित किये गये हैं और न्यायालयों द्वारा प्रवर्तनीय है। इसके अलावा ऐसे अधिकार राष्ट्रीय समझौते के फलस्वरूप संयुक्त राष्ट्र की महासभा द्वारा स्वीकार किये गये है और देष के न्यायालयों द्वारा प्रवर्तनीय है को मानव अधिकार माना जाता है। इन अधिकारों में प्रदूषण मुक्त वातावरण में जीने का अधिकार अभिरक्षा में यातनापूर्ण और अपमानजनक व्यवहार न होने संबंधी अधिकार और महिलाओं के साथ प्रतिष्ठापूर्ण व्यवहार का अधिकार शमिल है।

मानव अधिकार संरक्षण कैसे हो

मानव अधिकार संरक्षण एक महत्वपूर्ण विषय है जो हमारे समाज में सभी व्यक्तियों के लिए समानता, न्याय और गरिमा सुनिश्चित करने से संबंधित है। मानव अधिकारों की रक्षा करने के लिए कई तरीके हो सकते हैं:

1. **शिक्षा और जागरूकता:** लोगों को मानव अधिकारों के बारे में शिक्षित करना और उन्हें अपने अधिकारों के प्रति जागरूक करना महत्वपूर्ण है। इससे वे अपने अधिकारों की रक्षा कर सकते हैं और दूसरों के अधिकारों का सम्मान कर सकते हैं।

2. **कानूनी संरक्षण:** मानव अधिकारों की रक्षा के लिए मजबूत कानूनी ढांचे की आवश्यकता होती है। सरकारों और न्यायपालिका को मानव अधिकारों की रक्षा के लिए प्रभावी कानून बनाने और उनका पालन सुनिश्चित करने की आवश्यकता है।

3. **सामाजिक समर्थन:** मानव अधिकारों के हनन के मामलों में पीड़ितों को सामाजिक समर्थन प्रदान करना महत्वपूर्ण है। इससे उन्हें न्याय प्राप्त करने में मदद मिल सकती है और उनके अधिकारों की रक्षा हो सकती है।

4. **नागरिक समाज की भूमिका:** नागरिक समाज, जिसमें गैर-सरकारी संगठन (एनजीओ) और सामाजिक कार्यकर्ता शामिल हैं, मानव अधिकारों की रक्षा में महत्वपूर्ण भूमिका निभा सकते हैं। वे मानव अधिकारों के हनन के मामलों को उजागर कर सकते हैं।

(2)

मानव अधिकार आयोग का कार्य

मानव अधिकार संरक्षण अधिनियम 1993 के अन्तर्गत मानव अधिकार आयोग के द्वारा निम्नलिखित कार्य किये जाएगें।

1. आयोग अपनी ओर से स्वयं अथवा पीड़ित द्वारा अथवा उसकी ओर से किसी अन्य व्यक्ति द्वारा प्रार्थना पत्र देकर शिकायत करने पर किए किसी शासकीय सेवक द्वारा मानव अधिकारों का हनन किया गया है अथवा ऐसा करने के लिये उकसाया गया है अथवा उसने ऐसा हनन रोकने की उपेक्षा किया है तो ऐसी शिकायतों की जांच करना।

2. किसी न्यायालय में विचाराधीन मानव अधिकारों के हनन के मामले में संबंधित न्यायालय के अनुमोदन से ऐसे मामले की कार्यवाही में भाग लेगा।

3. राज्य सरकार को सूचित करके किसी जेल अथवा राज्य सरकार के नियंत्रणाधीन किसी ऐसे संस्थान का जहां लोगों को चिकित्सा सुधार अथवा सुरक्षा हेतु निरुद्धरखा अथवा ठहराया जाता है वहां के निवासियों की आवासीय दशाओं का अध्ययन करने के लिये निरीक्षण करना और उनके बारें में अपने सुझाव देना।

4. संविधान तथा अन्य किसी कानून द्वारा मानव अधिकारों के संरक्षण के लिये प्रदत्त रक्षा उपायों की समीक्षा करना और उनके प्रभावी कार्यान्वयन के संबंध में सुझाव देना।

5. आतंवाद एवं ऐसे सारे क्रियाकलापों की समीक्षा करना जो मानव अधिकारों का उपभोग करने में बाधा डालते हैं तथा उनके निवारण के लिए उपाय सुझाना।

6. मानव अधिकारों से संबंधित अनुसंधान कार्य को अपने हाथ में लेना एवं उसे बढ़ावा देना।

7. समाज के विभिन्न वर्गों में मानव अधिकार संबंधी शिक्षा का प्रसार करना तथा प्रकाशनों संचार माध्यमों एवं संगोष्ठियों और अन्य उपलब्ध साधनों द्वारा मानव अधिकार संबंधी रक्षा उपायों के प्रति जागरूकता लाना।

8. मानव अधिकारों की रक्षा करने या करवाने के क्षेत्र में क्रियाशील गैर सरकारी संगठनों तथा संस्थाओं के प्रयासों को प्रोत्साहन देना।

9. मानव अधिकारों की समुन्नति के लिये आवश्यक समझे गये अन्य कार्य करना।

(3)

जांच कार्य से संबंधित प्राप्त अधिकार

मानव अधिकार संरक्षण अधिनियम के अन्तर्गत किसी शिकायत की जांच करते समय आयोग को सिविल प्रक्रिया संहिता। 1908 के अन्तर्गत सिविल न्यायालय के समस्त अधिकार प्राप्त हैं। विषेश रूप से संबंधित पक्ष को तथा गवाहों को सम्मन जारी करके बुलाने तथा उन्हें आयोग के सामने उपस्थित होने के लिए बाध्य करने एवं षपथ देकर परीक्षण करने का अधिकार किसी दस्तावेज का पता लगाने और उसको प्रस्तुत करने का आदेश देने का अधिकार शपथ पर गवाही लेने का अधिकार और किसी न्यायालय अथवा कार्यालय से कोई सरकारी अभिलेख अथवा उसकी प्रतिलिपि की मांग करने का अधिकार। गवाहियों तथा दस्तावेजों की जाच हेतु कमीशन जारी करने का अधिकार। आयोग में पुलिस अनुसंधान दल भी है। जिसके द्वारा प्रकरणों की जाच की जाती है।

मीडिया की आचार संहिता

मीडिया की आचार संहिता एक महत्वपूर्ण दस्तावेज है जो पत्रकारों और मीडिया संगठनों के लिए नैतिक दिशानिर्देश प्रदान करती है। इसका उद्देश्य पत्रकारिता की गुणवत्ता और विश्वसनीयता को बनाए रखना है।

मीडिया आचार संहिता के मुख्य बिंदु :

1. सत्य और निष्पक्षता : पत्रकारों को सच्ची और निष्पक्ष जानकारी प्रदान करनी चाहिए।
2. स्वतंत्रता और स्वायत्तता : पत्रकारों को स्वतंत्र और स्वायत्त रूप से काम करना चाहिए।
3. नैतिकता और जवाबदेही : पत्रकारों को नैतिक मानकों का पालन करना चाहिए और अपने कार्यों के लिए जवाबदेह होना चाहिए।
4. गोपनीयता और स्रोतों की सुरक्षा : पत्रकारों को स्रोतों की गोपनीयता का सम्मान करना चाहिए और उनकी सुरक्षा सुनिश्चित करनी चाहिए।
5. पक्षपात और पूर्वाग्रह से बचना : पत्रकारों को पक्षपात और पूर्वाग्रह से बचना चाहिए और निष्पक्ष रिपोर्टिंग करनी चाहिए।

(4)

सार्वभौमिक मानव अधिकार

मानव अधिकारों में वे मूल अधिकार शामिल हैं जो हर जाति पंथ धर्म लिंग या राष्ट्रीयता की परवाह किए बिना हर इंसान को दिए जाते हैं। सार्वभौमिक मानवाधिकारों का विस्तृत वर्णन इस प्रकार है –

1/जिंदगी जीने आज़ादी और निजी सुरक्षा का अधिकार

2/समानता का अधिकार

3/सक्षम न्यायाधिकरण द्वारा बचाव का अधिकार

4/ कानून के सामने व्यक्ति के रूप में मान्यता के अधिकार

5/भेदभाव से स्वतंत्रता

6/ दासता से स्वतंत्रता

7/अत्याचार से स्वतंत्रता

8/मनमानी गिरफ्तारी और निर्वासन से स्वतंत्रता

9/ अपराध सिद्ध न होने तक निर्दोष माने जाने का अधिकार

10/ उचित सार्वजनिक सुनवाई का अधिकार

11/आंदोलन की स्वतंत्रता

12/गोपनीयता परिवार गृह और पत्राचार में हस्तक्षेप से स्वतंत्रता

13/अन्य देशों में शरण का अधिकार

14/राष्ट्रीयता को बदलने की स्वतंत्रता का अधिकार

15/विवाह और परिवार के अधिकार

16/शिक्षा का अधिकार

17/खुद की संपत्ति रखने का अधिकार

18/ शांतिपूर्ण सभा और एसोसिएशन बनाने का अधिकार

19/सरकार में और नि : शुल्क चुनावों में भाग लेने का अधिकार

20/विश्वास और धर्म की स्वतंत्रता

21/सही तरीके से रहने जीने का अधिकार

22/समुदाय के सांस्कृतिक जीवन में भाग लेने का अधिकार

23/सामाजिक सुरक्षा का अधिकार

24/ वांछनीय कार्य और ट्रेड यूनियनों में शामिल होने का अधिकार

25/अवकाश और विश्राम का अधिकार

26/ऊपर दिए अधिकारों में राज्य या व्यक्तिगत हस्तक्षेप से स्वतंत्रता

मानवाधिकारों का उल्लंघन

यद्यपि मानव अधिकार विभिन्न कानूनों द्वारा संरक्षित हैं पर अभी भी लोगों समूहों और कभी – कभी सरकार द्वारा इसका उल्लंघन किया जाता है। उदाहरण के लिए पूछताछ के दौरान पुलिस द्वारा यातना की आज़ादी का अक्सर उल्लंघन किया जाता है। इसी प्रकार गुलामी से स्वतंत्रता को मूल मानव अधिकार कहा जाता है लेकिन गुलामी और गुलाम प्रथा अभी भी अवैध रूप से चल रही है। मानव अधिकारों के दुरुपयोग की निगरानी के लिए कई संस्थान बनाए गए हैं। सरकारें और कुछ गैर। सरकारी संगठन भी इनकी जांच करते हैं।

लोकतंत्र में पत्रकारिता का महत्व

लोकतंत्र में पत्रकारिता का महत्व बहुत अधिक है, क्योंकि यह लोकतंत्र के चार स्तंभों में से एक है। पत्रकारिता की भूमिका लोकतंत्र में बहुत महत्वपूर्ण है, क्योंकि यह लोगों को जानकारी प्रदान करती है, सरकार की जवाबदेही तय करती है, और समाज में जागरूकता फैलाती है।

लोकतंत्र में पत्रकारिता का महत्व :

1. जानकारी का स्रोत : पत्रकारिता लोगों को विभिन्न मुद्दों पर जानकारी प्रदान करती है, जिससे वे अपने अधिकारों और कर्तव्यों के बारे में जागरूक होते हैं।
2. सरकार की जवाबदेही : पत्रकारिता सरकार की जवाबदेही तय करती है, जिससे सरकार को अपने कार्यों के लिए जवाबदेह ठहराया जा सकता है।
3. समाज में जागरूकता : पत्रकारिता समाज में जागरूकता फैलाती है, जिससे लोगों को विभिन्न मुद्दों पर जानकारी मिलती है और वे अपने अधिकारों के लिए लड़ सकते हैं।

(5)

बुनियादी मानवाधिकार

मानव अधिकारों को दो व्यापक श्रेणियों में विभाजित किया गया है। ये नागरिक और राजनीतिक अधिकार हैं। इनमें सामाजिक अधिकार भी हैं जिनमें आर्थिक और सांस्कृतिक अधिकार शामिल हैं। यहां हर व्यक्ति को दिए गए बुनियादी मानवाधिकारों पर विस्तृत जानकारी दी गई है–

1/जीवन का अधिकार

पृथ्वी पर रहने वाले हर इंसान को जीवित रहने का अधिकार है। प्रत्येक व्यक्ति को किसी के द्वारा नहीं मारे जाने का अधिकार है और यह अधिकार कानून द्वारा संरक्षित है। हालांकि इसमें मौत की सजा आत्मरक्षा गर्भपात इच्छामृत्यु और युद्ध जैसे मुद्दे शामिल नहीं हैं।

2/ बोलने की स्वतंत्रता

हर इंसान को स्वतंत्र रूप से बोलने का और जनता में अपनी बात की आवाज उठाने का अधिकार है हालांकि इस अधिकार में कुछ सीमा भी है जैसे अश्लीलताए गड़बड़ी और दंगा भड़काना।

3/सोच विवेक और धर्म की स्वतंत्रता

हर देश अपने नागरिकों को स्वतंत्र रूप से सोचने और ईमानदार विश्वासों का निर्माण करने का अधिकार देता है। हर व्यक्ति को अपनी पसंद के किसी भी धर्म का पालन करने का अधिकार है और समय.समय पर किसी भी समय अपनी स्वतंत्र इच्छा के अनुसार इसे बदलने के लिए स्वतंत्र है।

4/ उचित परीक्षण का अधिकार

इस अधिकार के तहत हर व्यक्ति को निष्पक्ष अदालत द्वारा निष्पक्ष सुनवाई का अधिकार उचित समय के भीतर सुनना वकील के अधिकार जन सुनवाई के अधिकार और व्याख्या के अधिकार हैं।

5/अत्याचार से स्वतंत्रता

अंतर्राष्ट्रीय कानून के अनुसार प्रत्येक व्यक्ति को अत्याचार से स्वतंत्रता का अधिकार है। 20वीं शताब्दी के मध्य से इस पर प्रतिबंध लगाया गया है।

6/आंदोलन की स्वतंत्रता

इसका मतलब यह है कि प्रत्येक व्यक्ति को अपने देश के किसी भी हिस्से में यात्रा करने रहने काम या अध्ययन करने का अधिकार है।

7/दासता से स्वतंत्रता

इस अधिकार के अनुसार गुलामी और गुलामी के व्यापारियों को हर रूप में प्रतिबंधित किया गया है। हालांकि दुर्भाग्य से ये दुर्व्यवहार अब भी अवैध तरीके से चलते हैं।

8/बोलने की स्वतंत्रता

प्रत्येक व्यक्ति को स्वतंत्र रूप से बोलने और अपनी राय व्यक्त करने का अधिकार है। इसे अभिव्यक्ति की आज़ादी के रूप में भी जाना जाता है हालांकि यह अधिकार किसी भी देश में पूर्ण रूप से नहीं दिया गया है। यह आम तौर पर कुछ सीमाओं के अधीन होता है जैसे अश्लीलता मानहानि और हिंसा या अपराध की उत्तेजना के लिए आदि।

मीडिया आचार संहिता का महत्व:

1. पत्रकारिता की विश्वसनीयता: मीडिया आचार संहिता पत्रकारिता की विश्वसनीयता को बनाए रखने में मदद करती है।
2. नैतिक पत्रकारिता: यह पत्रकारों को नैतिक मानकों का पालन करने के लिए प्रोत्साहित करती है।
3. जवाबदेही: मीडिया आचार संहिता पत्रकारों को उनके कार्यों के लिए जवाबदेह बनाती है।

मीडिया आचार संहिता के पालन के लिए कदम:

1. मीडिया संगठनों की जिम्मेदारी: मीडिया संगठनों को अपने पत्रकारों को मीडिया आचार संहिता के बारे में शिक्षित करना चाहिए।
2. पत्रकारों की जवाबदेही: पत्रकारों को अपने कार्यों के लिए जवाबदेह होना चाहिए।
3. नियमित समीक्षा: मीडिया आचार संहिता की नियमित समीक्षा और अद्यतन करना चाहिए।

मीडिया आचार संहिता पत्रकारिता की गुणवत्ता और विश्वसनीयता को बनाए रखने के लिए एक महत्वपूर्ण दस्तावेज है। इसका पालन करने से पत्रकारिता की विश्वसनीयता बढ़ सकती है और जनता का विश्वास जीता जा सकता है।

(6)

मानवाधिकारों की सार्वभौम घोषणा

संयुक्त राष्ट्र के चार्टर में यह कथन था कि संयुक्त राष्ट्र के लोग यह विश्वास करते हैं कि कुछ ऐसे मानवाधिकार हैं जो कभी छीने नहीं जा सकतेय मानव की गरिमा है और स्त्री .पुरुष के समान अधिकार हैं। इस घोषणा के परिणामस्वरूप संयुक्त राष्ट्र संघ ने 10 दिसम्बर 1948 को मानव अधिकार की सार्वभौम घोषणा अंगीकार की। इस घोषणा से राष्ट्रों को प्रेरणा और मार्गदर्शन प्राप्त हुआ और वे इन अधिकारों को अपने संविधान या अधिनियमों के द्वारा मान्यता देने और क्रियान्वित करने के लिए अग्रसर हुए। राज्यों ने उन्हें अपनी विधि में प्रवर्तनीय अधिकार का दर्जा दिया।

10 दिसम्बर 1948 को संयुक्त राष्ट्र संघ की समान्य सभा ने मानव अधिकारों की सार्वभौम घोषणा को स्वीकृत और घोषित किया। इसका पूर्ण पाठ आगे के पृष्ठों में दिया गया है। इस ऐतिहासिक कार्य के बाद ही सभा ने सभी सदस्य देशों से पुनरावेदन किया कि वे इस घोषणा का प्रचार करें और देशों अथवा प्रदेशों की राजनैतिक स्थिति पर आधारित भेदभाव का विचार किए बिना विशेषत : विद्यालयों और अन्य शिक्षा संस्थाओं में इसके प्रचार प्रदर्शन पठन और व्याख्या का प्रबंध करें। इसी घोषणा का सरकारी पाठ संयुक्त राष्ट्रों की इन पांच भाषाओं में प्राप्य है :– अंग्रेज़ी चीनी फ़्रांसीसी रूसी और स्पेनी। अनुवाद का जो पाठ यहां दिया गया हैए वह भारत सरकार द्वारा स्वीकृत है।

प्रस्तावना–

चूंकि मानव परिवार के सभी सदस्यों के जन्मजात गौरव और समान तथा अविच्छिन्न अधिकार की स्वीकृति ही विश्व शांति न्याय और स्वतंत्रता की बुनियाद है।

चूंकि मानव अधिकारों के प्रति उपेक्षा और घृणा के फलस्वरूप ही ऐसे बर्बर कार्य हुए जिनसे मनुष्य की आत्मा पर अत्याचार किया गया चूंकि एक ऐसी विश्व .व्यवस्था की उस स्थापना को ; जिसमें लोगों को भाषण और धर्म की आजादी तथा भय और अभव से मुक्ति मिलेगी सर्वसाधारण के लिए सर्वोच्च आकांक्षा घोषित किया गया है।

चूंकि अगर अन्याययुक्त शासन और जुल्म के विरुद्ध लोगों को विद्रोह करने के लिय . उसे ही अंतिम उपाय समझकर मजबूर नहीं हो जाना है। तो कनून द्वारा नियम बनाकर मानव अधिकारों की रक्षा करना अनिवार्य है।

चूंकि राष्ट्रों के बीच मैत्रीपूर्ण संबंधों को बढ़ाना जरूरी है।

चूंकि संयुक्त राष्ट्रों के सदस्य देशों की जनताओं ने बुनियादी मानव अधिकारों में मानव व्यक्तित्व के गौरव और योग्यता में और नर – नारियों के समान अधिकारों में अपने विश्वास को अधिकार पत्र में दहुराया है और यह निश्चय किया है कि अधिक व्यापक स्वतंत्रता के अंतर्गत सामाजिक प्रगति एवं जीवन के बेहतर स्तर को ऊंचा किया जाएं।

चूंकि सदस्य देशों ने यह प्रतिज्ञा की है कि वे संयुक्त राष्ट्रों के सहयोग से मानव अधिकारों और बुनियादी आजादियों के प्रति सार्वभौम सम्मान की वृद्धि करेंगे।

चूंकि इस प्रतिज्ञा को पूरी तरह से निभाने के लिए इन अधिकारों और आजादियों का स्वरूप ठीक ठीक समझना सबसे जरूरी है।

इसलिए अब समान्य सभा घोषित करती है कि मानव अधिकारों की यह सार्वभौम घोषणा सभी देशों और सभी लोगों की समान सफलता है। इसका उद्देश्य यह है कि प्रत्येक व्यक्ति और समाज का प्रत्येक भाग इस घोषणा को लगातार दृष्टि में रखते हुए अध्यापन और शिक्षा के द्वारा यह प्रयत्न करेगा कि इन अधिकारों और आजादियों के प्रति सम्मान की भावना जाग्रत हो और उत्तरोत्तर ऐसे राष्ट्रीय तथा अंतर्राष्ट्रीय उपाय किए जाएं जिनसे सदस्य देशों की जनता तथा उनके द्वारा अधिकृत प्रदेशों की जनता इन अधिकारों की सार्वभौम और प्रभावोत्पादक स्वीकृति दे और उनका पालन कराएं।

(7)

क्या मानवाधिकार घोषणा पत्र के अनुच्छेद

अनुच्छेद -1

सभी मनुष्यों को गौरव और अधिकारों के मामले में जन्मजात स्वतंत्रता और समानता प्राप्त है। उन्हें बुद्धि और अंतरात्मा की देन प्राप्त है और परस्पर उन्हें भाईचारे के भाव से बर्ताव करना चाहिए।

अनुच्छेद -2

सभी को इस घोषणा में सन्निहित सभी अधिकरों और आजादियों को प्राप्त करने का हक है और इस मामले में जाति वर्ण लिंग भाषा धर्म राजनीतिक या अन्य विचार .प्रणाली किसी देश या समाज विशेष में जन्म संपत्ति या किसी प्रकार की अन्य मर्यादा आदि के कारण भेदभाव का विचार न किया जाएगा। इसके अतिरिक्त चाहे कोई देश या प्रदेश स्वतंत्र हो संरक्षित हो या स्वशासन रहित हो या परिमित प्रभुसत्ता वाला होए उस देश या प्रदेश की राजनैतिक क्षेत्रीय या अंतर्राष्ट्रीय स्थिति के आधार पर वहां के निवासियों के प्रति कोई फ़रक न रखा जाएगा।

अनुच्छेद -3

प्रत्येक व्यक्ति को जीवनए स्वाधीनता और वैयक्तिक सुरक्षा का अधिकार है।

अनुच्छेद -4

कोई भी गुलामी या दासता की हालत में न रखा जाएगा गुलामी .प्रथा और गुलामों का व्यापार अपने सभी रूपों में निषिद्ध होगा।

अनुच्छेद -5

किसी को भी शारीरिक यातना न दी जाएगी और न किसी के भी प्रति निर्दयए अमानुषिक या अपमानजनक व्यबहार होगा।

अनुच्छेद -6

हर किसी को हर जगह कानून की निगाह में व्यक्ति के रूप में स्वीकृति .प्राप्ति का अधिकार है।

अनुच्छेद -7

कानून की निगाह में सभी समान हैं और सभी बिना भेदभाव के समान कानूनी सुरक्षा के अधिकारी हैं। यदि इस घोषणा का अतिक्रमण करके कोई भी भेदभाव किया जाए या उस प्रकार

के भेदभाव को किसी प्रकार से उकसाया जाए तो उसके विरुद्ध समान सुरक्षण का अधिकार सभी को प्राप्त है।

अनुच्छेद -8

सभी को संविधान या कानून द्वारा प्राप्त बुनियादी अधिकारों का अतिक्रमण करने वाले कार्यों के विरुद्ध समुचित राष्ट्रीय अदालतों की कारगर सहायता पाने का हक है।

अनुच्छेद -9

किसी को भी मनमाने ढंग से गिरफ्तार नजरबंद या देश .निष्कसित न किया जाएगा।

अनुच्छेद -10

सभी को पूर्णत: समान रूप से हक है कि उनके अधिकारों और कर्तव्यों के निश्चय करने के मामले में और उन पर आरोपित फौजदारी के किसी मामले में उनकी सुनवाई न्यायोचित और सार्वजनिक रूप से निरपेक्ष एवं निष्पक्ष अदालत द्वारा हो।

अनुच्छेद -11

1. प्रत्येक व्यक्ति जिस पर दंडनीय अपरोध का आरोप किया गया हो तब तक निरपराध माना जाएगा जब तक उसे ऐसी खुली अदालत में जहां उसे अपनी सफाई की सभी आवश्यक सुविधाएं प्राप्त हों कानून के अनुसार अपराधी न सिद्ध कर दिया जाए।

2. कोई भी व्यक्ति किसी भी ऐसे कृत या अकृत अपराध के कारण उस दंडनीय अपराध का अपराधी न माना जाएगा जिसे तत्कालीन प्रचलित राष्ट्रीय या अंतर्राष्ट्रीय कानून के अनुसार दंडनीय अपराध न माना जाए और न उससे अधिक भारी दंड दिया जा सकेगा जो उस समय दिया जाता जिस समय वह दंडनीय अपराध किया गया था।

अनुच्छेद -12

किसी व्यक्ति की एकांतता परिवार घर या पत्रव्यवहार के प्रति कोई मनमाना हस्तक्षेप न किया जाएगा न किसी के सम्मान और ख्याति पर कोई आक्षेप हो सकेगा। ऐसे हस्तक्षेप या आक्षेपों के विरुद्ध प्रत्येक को कनूनी रक्षा का अधिकार प्राप्त है।

अनुच्छेद -13

1. प्रत्येक व्यक्ति को प्रत्येक देश की सीमाओं के अंदर स्वतंत्रतापूर्वक आने जाने और बसने का अधिकार है।

2. प्रत्येक व्यक्ति को अपने या पराए किसी भी देश को छोड़ने और अपने देश वापस आने का अधिकार है।

अनुच्छेद -14

1. प्रत्येक व्यक्ति को स्ताए जाने पर दूसरे देशों में शरण लेने और रहने का अधिकार है।

2. इस अधिकार का लाभ ऐसे मामलों में नहीं मिलेगा जो वास्तव में गैर .राजनीतिक अपराधों से संबंधित हैं या जो संयुक्त राष्ट्रों के उद्देश्यों और सिद्धांतों के विरुद्ध कार्य हैं।

अनुच्छेद -15

1. प्रत्येक व्यक्ति को किसी भी राष्ट्र .विशेष को नागरिकता का अधिकार है।

2. किसी को भी मनमाने ढंग से अपने राष्ट्र की नागरिकता से वंचित न किया जाएगा या नागरिकता का परिवर्तन करने से मना न किया जाएगा।

अनुच्छेद-16

1. बालिग स्त्री .पुरुषों को बिना किसी जातिए राष्ट्रीयता या दर्म की रुकावटों के आपस में विवाह करने और परिवार स्थापन करने का अधिकार है। उन्हें विवाह के विषय में वैवाहिक जीवन में तथा विवाह विच्छेद के बारे में समान अधिकार है।

2.विवाह का इरादा रखने वाले स्त्री .पुरुषों की पूर्ण और स्वतंत्र सहमति पर ही विवाह हो सकेगा।

3. परिवार समाज का स्वाभाविक और बुनियादी सामूहिक इकाई है और उसे समाज तथा राज्य द्वारा संरक्षण पाने का अधिकार है।

अनुच्छेद -17

1. प्रत्येक व्यक्ति को अकेले और दूसरों के साथ मिलकर संपत्ति रखने का अधिकार है।

2. किसी को भी मनमाने ढंग से अपनी संपत्ति से वंचित न किया जाएगा।

अनुच्छेद -18

प्रत्येक व्यक्ति को विचार अंतरात्मा और धर्म की आजादी का अधिकार है। इस अधिकार के अंतर्गत अपना धर्म या विश्वास बदलने और अकेले या दूसरों के साथ मिलकर तथा सार्वजनिक रूप में अथवा निजी तर पर अपने धर्म या विश्वास को शिक्षा क्रिया उपसाना तथा व्यवहार के द्वारा प्रकट करने की स्वतंत्रता है।

अनुच्छेद -19

प्रत्येक व्यक्ति को विचार और उसकी अभिव्यक्ति की स्वतंत्रता का अधिकार है। इसके अंतर्गत बिना हस्तक्षेप के कोई राय रखना और किसी भी माध्यम के जरिए से तथा सीमाओं की परवाह न करके किसी की सूचना और धारणा का अन्वेषणए ग्रहण तथा प्रदान सम्मिलित है।

अनुच्छेद –20

1.प्रत्येक व्यक्ति को शांति पूर्ण सभा करने या समित्ति बनाने की स्वतंत्रता का अधिकार है।

2. किसी को भी किसी संस्था का सदस्य बनने के लिए मजबूर नहीं किया जा सकता।

अनुच्छेद –21

1. प्रत्येक व्यक्ति को अपने देश के शासन में प्रत्यक्ष रूप से या स्वतंत्र रूप से चुने गए प्रतिनिधिओं के जरिए हिस्सा लेन का अधिकार है।

2. प्रत्येक व्यक्ति को अपने देश की सरकारी नौकरियों को प्राप्त करने का समान अधिकार है।

3. सरकार की सत्ता का आधार जनता की इच्छा होगी। इस इच्छा का प्रकटन समय .समय पर और असली चुनावों द्वारा होगा। ये चुनावों सार्वभौम और समान मताधिकार द्वारा होंगे और गुप्त मतदान द्वारा या किसी अन्य समान स्वतंत्र मतदान पद्धति से कराए जाएंगे।

अनुच्छेद –22

समाज के एक सदस्य के रूप में प्रत्येक व्यक्ति को सामाजिक सुरक्षा का अधिकार है और प्रत्येक व्यक्ति को अपने व्यक्तित्व के उस स्वतंत्र विकास तथा गौरव के लिए . जो राष्ट्रीय प्रयत्न या अंतर्राष्ट्रीय सहयोग तथा प्रत्येक राज्य के संगठन एवं साधनों के अनुकूल हो . अनिवार्यतः आवश्यक आर्थिकए सामाजिक और सांस्कृतिक अधिकारों की प्राप्ति का हक है।

अनुच्छेद –23

1. प्रत्येक व्यक्ति को काम करने इच्छानुसार रोजगार के चुनाव काम की उचित और सुविधाजनक परिस्थितियों को प्राप्त करने और बेकारी से संरक्षण पाने का हक है।

2. प्रत्येक व्यक्ति को समान कार्य के लिए बिना किसी भेदभव के समान मजदूरी पाने का अधिकार है।

3. प्रत्येक व्यक्ति को जो काम करता है अधिकार है कि वह इतनी उचित और अनुकूल मजदूरी पाए जिससे वह अपने लिए और अपने परिवार के लिए ऐसी आजीविका का प्रबंध कर सके जो मानवीय गौरव के योग्य हो तथा आवश्यकता होने पर उसकी पूर्ति अन्य प्रकार के सामाजिक संरक्षणों द्वारा हो सके।

4.प्रत्येक व्यक्ति को अपने हितों की रक्षा के लिए श्रमजीवी संघ बनाने और उनमें भाग लेने का अधिकार है।

अनुच्छेद –24

प्रत्येक ब्यक्ति को विश्राम और अवकाश का अधिकार है। इसके अंतर्गत काम के घंटों की

उचित हदबंदी और समय .समय पर मजदूरी सहित छुट्टियां सम्मिलित है।

अनुच्छेद –25

1.प्रत्येक व्यक्ति को ऐसे जीवनस्तर को प्राप्त करने का अधिकार है जो उसे और उसके परिवार के स्वास्थ्य एवं कल्याण के लिए पर्याप्त हो।इसके अंतर्गत खाना कपड़ा मकान चिकित्सा . संबंधी सुविधाएं और आवश्यक सामाजिक सेवाएं सम्मिलित है। सभी को बेकारी बीमारी असमर्था वैधव्य बुढ़ापे या अन्य किसी ऐसी परिस्थिति में आजीविका का साधन न होने पर जो उसके काबू के बाहर हो सुरक्षा का अधिकार प्राप्त है।

2.जच्चा और बच्चा को खास सहायता और सुविधा का हक है। प्रत्येक बच्चे को चाहे वह विवाहिता माता से जन्मा हो या अविवाहिता से समान सामाजिक संरक्षण प्राप्त है।

अनुच्छेद –26

1. प्रत्येक व्यक्ति को शिक्षा का अधिकार है। शिक्षा कम से कम प्रारंभिक और बुनियादी अवस्थाओं में नि:शुल्क होगी। प्रारंभिक शिक्षा अनिवार्य होगी। टेक्निकल यांत्रिक और पेशों . संबंधी शिक्षा साधारण रूप से प्राप्त होगी और उच्चतर शिक्षा सभी को योग्यता के आधार पर समान रूप से उपलब्ध होगी।

2.शिक्षा का उद्देश्य होगा मानव व्यक्तित्व का पूर्ण विकास और मानव अधिकारों तथा बुनियादी स्वतंत्रताओं के प्रति सम्मान की पुष्टि। शिक्षा द्वारा राष्ट्रों जातियों अथवा धार्मिक समूहों के बीच आपसी सद्भावनाए सहिष्णुता और मैत्री का विकास होगा और शांति बनाए रखने के लिए संयुक्त राष्ट्रों के प्रयत्नों को आगे बढ़ाया जाएगा। 3ण् माता .पिता को सबसे पहले इस बात का अधिकार है कि वह चुनाव कर सकें कि किस किस्म की शिक्षा उनके बच्चों को दी जाएगी।

अनुच्छेद –27

1. प्रत्येक व्यक्ति को स्वतंत्रता .पूर्वक समाज के सांस्कृतिक जीवन में हिस्सा लेने कलाओं का आनंद लेने तथा वैज्ञानिक उन्नति और उसकी सुविशाओं में भाग लेने का हक है।

2. प्रत्येक व्यक्ति को किसी भी ऐसी वैज्ञानिक साहित्यिक या कलात्मक कृति से उत्पन्न नैतिक और आर्थिक हितों की रक्षा का अधिकार है जिसका रचयिता वह स्वयं है।

अनुच्छेद –28

प्रत्येक व्यक्ति को ऐसी सामाजिक और अंतर्राष्ट्रीय व्यवस्था की प्राप्ति का अधिकार है जिसमें उस घोषणा में उल्लिखित अधिकारों और स्वतंत्रताओं का पूर्णत: प्राप्त किया जा सके।

अनुच्छेद– 29

1. प्रत्येक व्यक्ति का उसी समाज प्रति कर्तव्य है जिसमें रहकर उसके व्यक्तित्व का स्वतंत्र और पूर्ण विकास संभव हो।

2. अपने अधिकारों और स्वतंत्रताओं का उपयोग करते हुए प्रत्येक व्यक्ति केवल ऐसी ही सीमाओं द्वारा बंध होगा जो कानून द्वारा निश्चित की जाएंगी और जिनका एकमात्र उद्देश्य दूसरों के अधिकारों और स्वतंत्रताओं के लिए आदर और समुचित स्वीकृति की प्राप्ति होगा तथा जिनकी आवश्यकता एक प्रजातंत्रात्मक समाज में नैतिकता सार्वजनिक व्यवस्था और समान्य कल्याण की उचित आवश्यकताओं को पूरा करना होगा।

3. इन अधिकारों और स्वतंत्रताओं का उपयोग किसी प्रकार से भी संयुक्त राष्ट्रों के सिद्धांतों और उद्देश्यों के विरुद्ध नहीं किया जाएगा।

अनुच्छेद-30

इस घोषणा में उल्लिखित किसी भी बात का यह अर्थ नहीं लगाना चाहिए जिससे य प्रतीत हो कि किसी भी राज्य समूह या व्यक्ति को किसी ऐसे प्रयत्न में संलग्न होने या ऐसा कार्य करने का अधिकार है जिसका उद्देश्य यहां बताए गए अधिकारों और स्वतंत्रताओं में से किसी का भी विनाश करना हो।

पत्रकार सुरक्षा के लिए सरकारी प्रयास:

1. पत्रकारों के लिए सुरक्षा उपाय: सरकार ने पत्रकारों के लिए सुरक्षा उपायों को बढ़ावा देने के लिए कुछ कदम उठाए हैं, जैसे कि पत्रकारों को सुरक्षा कवच प्रदान करना।

2. पत्रकारों के लिए प्रशिक्षण: सरकार ने पत्रकारों के लिए प्रशिक्षण कार्यक्रम आयोजित किए हैं, जिसमें उन्हें सुरक्षा और आपातकालीन स्थितियों में कैसे काम करना है, इसकी जानकारी दी जाती है।

(8)

भारत में मानव अधिकार और उनकी प्रासंगिकता

किसी भी व्यक्ति के जीवन स्वतंत्रता समानता और सम्मान का अधिकार ही मानव अधिकार है। मनुष्य योनि में जन्म लेने के साथ मिलने वाला प्रत्येक अधिकार मानवाधिकार की श्रेणी में आता है। संविधान में बनाये गए अधिकारों से बढ़कर महत्व मानवाधिकारों का माना जा सकता है। इसका कारण यह है कि ये ऐसे अधिकार हैं जो सीधे प्रकृति से सम्बन्ध रखते हैं जैसे जीने का अधिकार केवल कानून सम्मत अधिकार नहीं है बल्कि इसे प्रकृति से प्रदान किया गया है। सभी व्यक्तियों को गरिमा और अधिकारों के मामले में जन्मजात स्वतंत्रता और समानता प्राप्त है। वास्तव में प्रत्येक व्यक्ति को ऐसे जीवन स्तर को प्राप्त करने का अधिकार है जो उसे और उसके परिवार के स्वास्थ्य कल्याण और विकास के लिए आवश्यक है। मानव अधिकारों में आर्थिक सामाजिक एवं सांस्कृतिक अधिकारों के समक्ष समानता का अधिकार एवं शिक्षा का अधिकार आदि नागरिक और राजनैतिक अधिकार भी सम्मिलित हैं।

अशोक के आदेश पत्र आदि अनेकों प्राचीन दस्तावेजों एवं विभिन्न धार्मिक और दार्शनिक पुस्तकों में अनेक ऐसी अवधारणाएं हैं जिन्हें मानवाधिकार के रूप में चिह्नित किया जा सकता है। आधुनिक मानवाधिकार कानून और इसकी अधिकांश अपेक्षाकृत व्यवस्थाओं का सम्बन्ध समसामयिक इतिहास से है। "द ट्वेल्व आर्टिकल्स ऑफ़ द ब्लैक फारेस्ट 1525" को यूरोप में मानवाधिकारों का प्रथम दस्तावेज माना जाता है जो कि जर्मनी के किसानों की स्वाबियन संघ के समक्ष उठायी गयी मांगों का ही एक हिस्सा है। यूनाइटेड किंगडम में 1628 ई0 पेटिशन ऑफ़ राइट्स में मानवीय अधिकारों का उल्लेख किया गया तथा वर्ष 1690 ई0 में जॉन लॉक ने भी इन अधिकारों का अपनी पुस्तक स्टेट्स ऑफ़ नेचर में वर्णन किया। वर्ष 1791 ई0 में ब्रिटिश बिल ऑफ़ राइट्स ने यूनाइटेड किंगडम में सिलसिलेवार तरीके से सरकारी दमनकारी कार्यवाहियों को अवैध ठहराया। वर्ष 1776 ई0 में संयुक्त राज्य अमेरिका की स्वतंत्रता के बाद इन अधिकारों को अमेरिकी संविधान में स्थान दिया गया। वर्ष 1789 ई0 में फ्रांस क्रांति के उपरांत फ्रांस में भी मानव तथा नागरिकों के अधिकारों की घोषणा को अभिग्रहित किया गया।

संपूर्ण विश्व में मानवाधिकारों का महत्व को ध्यान में रखते हुएए संयुक्त राष्ट्र चार्टर में यह स्पष्ट कथन किया गया था कि लोग यह विश्वास करते हैं कि मानव गरिमा और स्त्री .पुरुष के

सामान अधिकार आदि कुछ ऐसे मानवाधिकार हैं जो कभी छीने नहीं जा सकते हैं। इस घोषणा के परिणामस्वरूप संयुक्त राष्ट्र संघ ने 10 दिसंबर 1948 को मानव अधिकार की सार्वभौमिक घोषणा अंगीकार की। इस घोषणा में न सिर्फ मनुष्य जाति के अधिकारों को स्थान दिया गया बल्कि स्त्री पुरुषों को भी सामान अधिकार दिए गए।

इस घोषणा से सभी राष्ट्रों को प्रेरणा और मार्गदर्शन प्राप्त हुआ। जिससे वे इन अधिकारों को अपने संविधान या अधिनियमों के द्वारा मान्यता देने और क्रियान्वित करने की दिशा में अग्रसर हुए। मानव अधिकारों को पहचान देने और इन अधिकारों के अस्तित्व के लिए किये जाने वाले संघर्ष को सशक्त करने के उद्देश्य से प्रत्येक 10 दिसंबर को अंतर्राष्ट्रीय मानवाधिकार दिवस मनाया जाता है। संयुक्त राष्ट्र ने इस दिन को मानवाधिकारों की रक्षा और उसे बढ़ावा देने के लिए तय किया। मानवता के खिलाफ होने वाले अत्याचार को रोकने और उसके विरुद्ध संघर्ष को नया आयाम देने में मानवाधिकार दिवस की महत्वपूर्ण भूमिका है।

भारत में 28 सितम्बर 1993 से मानवाधिकार कानून लागू किया गया और 12 अक्टूबर 1993 में सरकार ने राष्ट्रीय मानव अधिकार आयोग का गठन किया। भारत के संविधान में भी मानव अधिकारों को पर्याप्त मान्यता देते हुए मानवाधिकारों की अन्तर्राष्ट्रीय घोषणा पत्र को प्रत्याभूत किया गया है और राज्य के नीति निर्देशक तत्वों के अन्तर्गत लोक कल्याणकारी राज्य के निर्माण के दृष्टिकोण से तथा मौलिक अधिकारों के रूप में प्रतिष्ठापूर्ण और गरिमामयी माहौल में जीवन जीने के अधिकार प्रदान करने की गारंटी दी गयी है।

मानव अधिकारों एवं मूल अधिकारों के मध्य शरीर और आत्मा का सम्बन्ध है। भारतीय संविधान में न सिर्फ मानवाधिकारों की गारंटी दी गयी है बल्कि इसका उल्लंघन करने पर सजा का भी प्रावधान किया गया है। भारतीय संविधान का उद्देश्य एक ऐसे समाज की स्थापना था जो विधि संगत होने के साथ ही मानव हित में भी हो। जिसके अंतर्गत समस्त देशवासियों को बिना किसी भेदभाव के समान अवसरए शांतिए और सुरक्षा के वातावरण में गरिमामयी रूप से जीने का अधिकार मिल सके।

भारतीय संविधान में प्रदत्त मौलिक अधिकारों में धर्म की स्वतंत्रता अंतर्भुक्त है। ये अधिकार भारतीय न्यायालयों द्वारा प्रवर्तनीय हैं। भारतीय न्यायालयों द्वारा मानवाधिकारों की सक्रीय रूप से रक्षा करने की बात भी स्वीकार की गयी है। इस प्रकार अनेकों न्यायिक दृष्टान्त भी जीवन की स्वतंत्रता समता गरिमापूर्ण जीवन जीने के अधिकार आदि मौलिक अधिकारों एवं मानव अधिकारों के प्रतिबिंबित उदाहरण हैं। वास्तव में मानवीय जीवन और अधिकारों की रक्षा किसी देश के

मानवाधिकार कानूनों के लिए गौरवान्वित करने वाली बात है। वर्तमान में हमारे देश में मानवाधिकारों की स्थिति वास्तव में जटिलता में देखी जा रही है।

मानवाधिकारों की सबसे बड़ी समस्या यह है कि इसका हनन राजनैतिक कारणों के अतिरिक्त धार्मिक मुद्दों पर भी किया जा रहा है। प्रत्येक जाति वर्ग को पारस्परिक सहिष्णुता की भावना के साथ प्रेम और स्नेह के मार्ग पर चलने का सन्देश देने के नाम पर कट्टरता का प्रचार करते हुए हिंसा का बढ़ावा दिया जा रह है। भले ही मानवाधिकारों का चिंतन करने के नाम पर आतंकवाद और नक्सलवाद इसके सबसे बड़े शत्रु दिखाई पड़ते हैं किन्तु वास्तव में इसका दूसरा पक्ष अशिक्षा के रूप में भी समाज के समक्ष परिलक्षित होता है। यही कारण है की आम लोग शिक्षा का अभाव होने से मानवाधिकारों के हनन किये जाने पर उसका विरोध भी नहीं कर पाते हैं।

भारत के विशाल आकार और विविधताए संप्रभुता संपन्न धर्म निरपेक्ष लोकतांत्रिक गणतन्त्र के रूप में इसकी प्रतिष्ठा तथा भूतपूर्व औपनिवेशिक राष्ट्र के रूप में इसके इतिहास के परिणामस्वरूप इसकी स्थिति जटिल हो गयी है। यद्दपि भारत में दक्षिण एशिया के अन्य देशों की भांति आमतौर पर मानवाधिकारों को लेकर चिंता का विषय नहीं माना जाता है। मानवाधिकारों के उल्लंघन के दृष्टिकोण से पुलिस हिरासत में यातना व्यापक रूप से परिलक्षित होती है। आज भी पुलिस की जवाबदेही का मुद्दा एक गंभीर प्रश्न बना हुआ है।

हालाँकि वर्ष 2006 में मा0 उच्चतम न्यायालय ने प्रकाश सिंह बनाम भारत संघ के मामले में अपने एक फैसले में केंद्र और राज्य सरकारों को पुलिस विभाग में सुधार की प्रक्रिया प्रारम्भ करने के सात निर्देश दिए है। अगर भारत में मानवाधिकारों की बात की जाये तो यह प्राय: यह प्रतीत होता है की यहाँ आज भी एक खास तबके के लोगों को ही हैसियत के अनुसार मानवाधिकार मिल पाते हैं। उत्तर प्रदेश मध्य प्रदेश और राजस्थान आदि राज्यों में जहाँ साक्षरता का स्तर थोड़ा काम है वहां मानवाधिकारों का हनन आम बात है। इन राज्यों के पिछड़े और अशिक्षित क्षेत्रों में प्राय: बेक़सूर और गरीब लोगों पर पुलिस और प्रशासन द्वारा अमानवीय तरीके से कानूनी कार्यवाही करने अथवा अन्य तरीके से शोषण किये जाने की घटनाएँ चर्चा में बनी रहती हैं लेकिन इसके विपरीत जिन शहरों में लोग साक्षर हैं वहां इसका गलत इस्तेमाल भी करते हैं।

मानवाधिकार एक ऐसा विषय है जो सभी सामाजिक विषयों में सबसे गंभीर है। जिस पर हम एक पक्षीय विचार नहीं कर सकते हैं किन्तु अपने राजनीतिक या स्वार्थपरक अथवा अन्य दुर्भावनापूर्ण उद्द्येश्यों की पूर्ति हेतु मानवाधिकारों का सहारा लेना बिलकुल गलत है। इसे ऐसे समझा जा सकता है कि क्या किसी ऐसे हत्यारे या आतंकवादी का कोई मानवाधिकार हो सकता

है जो हजारों मासूमों की जिंदगी तबाह करने का दोषी हो और अगर ऐसे आतंकवादी का मानवाधिकार है तो क्या उन लोगों के मानवाधिकारों का कोई अस्तित्व है जो इन असामाजिक तत्वों का शिकार बनते हैं।

जहाँ तक आतंकवादियों और अपराधियों के मानवाधिकारों की बात है तो उचित नहीं लगता है किन्तु जब इन्ही अपराधियों के साये में कोई निर्दोष फंस जाता है या किसी घटना की वास्तविकता का पता लगाने के लिए गैरकानूनी या अमानवीय रूप से किसी निर्दोष को शारीरिक या मानसिक यातना दी जाती है तो स्वत: ही मानवाधिकारों के महत्व और आवश्यकता का अहसास होता है।

आज पूरे विश्व में ताकत और पैसे के बल पर होने वाली हिंसा इस बात का प्रत्यक्ष सबूत है कि मानवता खतरे में है। हालात ऐसे हैं कि यदि मानव पर कोई सामाजिक और विधिक नियंत्रण न हो तो वह खुद की श्रेष्ठता साबित करने के लिए मरने मारने को तैयार नज़र आएगा। वास्तव में आज दुनिया में संपन्न और शक्तिशाली लोगों के बीच यदि आम जनता सुरक्षित ढंग से रह पा रही है तो उसका एकमात्र कारण सबको मिलने वाला तथाकथित मानवाधिकार है। यूँ तो मानवाधिकार सबके लिए समान है किन्तु इसका वास्तविक लाभ उसे ही मिल पता है जिसके पास पर्याप्त जानकारीए सामर्थ्य अथवा संसाधन उपलब्ध हैं।

प्रकृति के अलावा मनुष्यों द्वारा बनाये गए विधि सम्मत कानून का भी यह कर्त्तव्य है कि वह मानवाधिकारों की रक्षा करें। हमारे मानव समाज में मानवाधिकारों के प्रति सचेतता आम लोगों में विशेष रूप से दिखाई नहीं पड़ती है। इसका प्रत्यक्ष उदाहरण हमारे देश में आये दिन घटित होने वाली महिलाओं के शारीरिक और मानसिक शोषण और प्रताड़ना की घटनाएँ प्रतिदिन होने वाली हजारों भ्रूण हत्याएं भारतीय संस्कृति की गरिमा तार तार करती हैं। भ्रूण हत्या घरेलू हिंसा शारीरिक प्रताड़ना और मानसिक उत्पीड़न आदि अत्याचारों से पीड़ित महिलाओं के विषय में मानवाधिकारों की आवश्यकता को रेखांकित करते ही हमारा समाज प्राय: मौन हो जाता है। ऐसे ही सैकड़ो वर्षों से वनों अथवा उसके आस पास के क्षेत्रों में निवास करने वाले आदिवासी और वनवासी समाज के परंपरागत अधिकारों और मानव अधिकारों की समुचित रूप से पहचान तक नहीं की जा सकी है तथा उन्हें आज तक चकबंदी सीलिंग पट्टे भू.अभिलेख या भूमि आवंटन का पर्याप्त लाभ नहीं मिल सका है।

वास्तव में मानव समाज में मौजूद समस्याओं का निराकरण करना ही मानवाधिकार की संकल्पना का लक्ष्य है। सूखा बाढ़ गरीबी अकाल सुनामी भूकम्प जैसी प्राकृतिक आपदाओं और युद्ध एवं दुर्घटनाओं आदि से पीड़ित व्यक्तियों को राहत और पुनर्वास के मानवाधिकारों का ध्यान

रखा जाना अपेक्षित है। जिससे लोगों की वाक् .अभिव्यक्ति और धार्मिक स्वतंत्रता एवं भय तथा अभाव मुक्त एक ऐसी विश्व व्यवस्था की उस स्थापना की जनसाधारण की सर्वोच्च आकांक्षा पूर्ण हो सके क्योंकि सम्पूर्ण मानव समाज के सभी सदस्यों के जन्मजात गौरव और समान अविच्छिन्न अधिकार की स्वीकृति ही विश्व शांति न्याय और स्वतंत्रता की बुनियाद है। यद्दपि किसी भी प्रकार के अन्याय और अत्याचार तथा अत्याचार के विरुद्ध हिंसक विद्रोह से मानव समाज को बचाने के लिए कानून द्वारा नियम बनाकर मानव अधिकारों की रक्षा करना श्रेष्ठ उपाय सिद्ध हो सकता है किन्तु मानव अधिकारों सम्बन्धी घोषणाओं के वास्तविक क्रियान्वयन की आवश्यकता है। जिससे मानव अधिकार सम्बन्धी घोषणा .पत्र सिर्फ दस्तावेज बनकर न रह जाएँ। वास्तव में इसी में मानवाधिकारों की सार्थकता निहित है। यद्दपि हमारे देश की सरकार मानवाधिकारों के प्रति सजग है किन्तु इस सजगता में और अधिक धार लाने की आवश्यकता है।

वर्तमान परिप्रेक्ष्य में मानवाधिकार और उसकी रक्षा प्रत्येक नागरिक का कर्त्तव्य बनकर सार्वभौमिक सत्यता का सूत्रपात कर रहा है। समसामयिक दृष्टिकोण से मानवाधिकारों का सम्मान गंभीर चिंतन का विषय बना हुआ है। परस्पर सदभाव द्वारा ही हम मानवाधिकारों की रक्षा के लिए अपनी ओर से गारंटी दे सकते हैं।

(9)

सामाजिक न्याय

एक विचार के रूप में सामाजिक न्याय की बुनियाद सभी मनुष्यों को समान मानने के आग्रह पर आधारित है। इसके मुताबिक किसी के साथ सामाजिक धार्मिक और सांस्कृतिक पूर्वग्रहों के आधार पर भेदभाव नहीं होना चाहिए। हर किसी के पास इतने न्यूनतम संसाधन होने चाहिए कि वे उत्तम जीवन की अपनी संकल्पना को धरती पर उतार पाएँ। विकसित हों या विकासशील दोनों ही तरह के देशों में राजनीतिक सिद्धांत के दायरे में सामाजिक न्याय की इस अवधारणा और उससे जुड़ी अभिव्यक्तियों का प्रमुखता से प्रयोग किया जाता है।

लेकिन इसका मतलब यह नहीं है कि उसका अर्थ हमेशा सुस्पष्ट ही होता है। सिद्धांतकारों ने इस प्रत्यय का अपने .अपने तरीके से इस्तेमाल किया है। व्यावहारिक राजनीति के क्षेत्र में भी भारत जैसे देश में सामाजिक न्याय का नारा वंचित समूहों की राजनीतिक गोलबंदी का एक प्रमुख आधार रहा है। उदारतावादी मानकीय राजनीतिक सिद्धांत में उदारतावादी .समतावाद से आगे बढ़ते हुए सामाजिक न्याय के सिद्धांतीकरण में कई आयाम जुड़ते गये हैं। मसलन अल्पसंख्यक अधिकार बहुसंस्कृतिवाद मूल निवासियों के अधिकार आदि। इसी तरह नारीवाद के दायरे में स्त्रियों के अधिकारों को ले कर भी विभिन्न स्तरों पर सिद्धांतीकरण हुआ है और स्त्री .सशक्तीकरण के मुद्दों को उनके सामाजिक न्याय से जोड़ कर देखा जाने लगा है।

यद्यपि एक विचार के रूप में विभिन्न धर्मों की बुनियादी शिक्षाओं में सामाजिक न्याय के विचार को देखा जा सकता है लेकिन अधिकांश धर्म या सम्प्रदाय जिस व्यावहारिक रूप में सामने आये या बाद में जिस तरह उनका विकास हुआ उनमें कई तरह के ऊँच नीच और भेदभाव जुड़ते गये। समाज .विज्ञान में सामाजिक न्याय का विचार उत्तर .ज्ञानोदय काल में सामने आया और समय के साथ अधिकाधिक परिष्कृत होता गया। क्लासिकल उदारतावाद ने मनुष्यों पर से हर तरह की पुरानी रूढ़ियों और परम्पराओं की जकड़न को ख़त्म किया और उसे अपने मर्जी के हिसाब से जीवन जीने के लिए आज़ाद किया।

इसके तहत हर मुनष्य को स्वतंत्रता देने और उसके साथ समानता का व्यवहार करने पर ज़ोर ज़रूर था। लेकिन ये सारी बातें औपचारिक स्वतंत्रता या समानता तक ही सिमटी हुई थीं। बाद में उन्नीसवीं सदी की शुरुआत में कई उदारतावादियों ने राज्य के हस्तक्षेप द्वारा व्यक्तियों की

आर्थिक भलाई करने और उन्हें अपनी स्वतंत्रता को उपभोग करने में समर्थ बनाने की वकालत की।

कई यूटोपियाई समाजवादियों ने भी एक ऐसे समाज की कल्पना की जहाँ आर्थिक सामाजिक या सांस्कृतिक आधार पर लोगों के साथ भेदभाव न होता हो। स्पष्टतः इन सभी विचारों में सामाजिक न्याय के प्रति गहरा सरोकार था। इसके बावजूद मार्क्स ने इन सभी विचारों की आलोचना की और ज़ोर दिया कि न्याय जैसी अवधारणा की आवश्यकता पूँजीवाद के भीतर ही होती है क्योंकि इस तरह की व्यवस्था में उत्पादन के साधनों पर कब्ज़ा जमाये कुछ लोग बहुसंख्यक सर्वहारा का शोषण करते हैं। उन्होंने क्रांति के माध्यम से एक ऐसी व्यवस्था कायम करने का लक्ष्य रखा जहाँ हर कोई अपनी क्षमता के अनुसार काम करने और अपनी आवश्यकता के अनुसार चीज़ें हासिल करने की परिस्थितियाँ प्राप्त हों। लेकिन बीसवीं सदी के पूर्वार्ध में मार्क्सवाद और उदारतावाद का जो व्यावहारिक रूप सामने आया वह उनके आश्वासनों जैसा न हो कर विकृत था।

मार्क्सवाद से प्रेरित रूसी क्रांति के कुछ वर्षों बाद ही स्तालिनवाद की सर्वसत्तावादी संरचनाएँ उभरने लगीं। वहीं उदारतावाद और पूँजीवाद ने आंतरिक जटिलताओं के कारण दुनिया को दो विश्व .युद्धों महामंदी फ़ासीवाद और नाज़ीवाद जैसी भीषणताओं में धकेल दिया। पूँजीवाद को संकट से उबारने के लिए पूँजीवादी देशों में क्लासिकल उदारतावादी सूत्र से लेकर कींसवादी नीतियों तक हर सम्भव उपाय अपनाने की कोशिश की गयी।

इस पूरे संदर्भ में सामाजिक न्याय की बातें नेपथ्य में चली गयीं या सिर्फ़ इनका दिखावे के तौर पर प्रयोग किया गया। इसी दौर में उपनिवेशवाद के ख़िलाफ़ चलने वाले संघर्षों में मानव .मुक्ति और समाज के कमज़ोर तबकों के हकों आदि की बातें ज़ोरदार तरीके से उठायी गयीं। ख़ास तौर पर भारतीय स्वतंत्रता आंदोलन में सभी तबकों के लिए सामाजिक न्याय के मुद्दे पर गम्भीर बहस चली। इस बहस से ही समाज के वंचित तबकों के लिए संसद एवं नौकरियों में आरक्षणए अल्पसंख्यकों को अपनी आस्था के अनुसार अधिकार देने और अपनी भाषा का संरक्षण करने जैसे प्रावधानों पर सहमति बनी। बाद में ये सहमतियाँ भारतीय संविधान का भाग बनीं।

इसी के साथ साथ मानकीय उदारतावादी सिद्धांत में राज्य द्वारा समाज के कुछ तबकों की भलाई या कल्याण के लिए ज़्यादा आय वाले लोगों पर टैक्स लगाने का मसला विवादास्पद बना रहा। कींस ने पूँजीवाद को मंदी से उबारने के लिए राज्य के हस्तक्षेप के ज़रिये रोज़गार पैदा करने के प्रावधानों का सुझाव दिया लेकिन फ़्रेड्रिख वान हायक मिल्टन फ़्रीडमैन और बाद में रॉबर्ट

नॉज़िक जैसे विद्वानों ने आर्थिक गतिविधियों में राज्य के हस्तक्षेप की आलोचना की। इन लोगों का मानना था कि इससे व्यक्ति की स्वतंत्रता और आर्थिक आज़ादी को चोट पहुँचती है।

जॉन रॉल्स ने 1971 में अपनी किताब अ थियरी ऑफ़ जस्टिस में ताकतवर दलीलें दीं आख़िर क्यों समाज के कमज़ोर तबकों की भलाई के लिए राज्य को सक्रिय हस्तक्षेप करना चाहिए। अपनी थियरी में रॉल्स शुद्ध प्रक्रियात्मक न्याय की अवधारणा प्रस्तुत करते हुए वितरणमूलक न्याय के लक्ष्य को हासिल करने की कोशिश करते हुए दिखाई देते हैं। अपने न्याय के सिद्धांत में उन्होंने हर किसी को समान स्वतंत्रता के अधिकार की तरफ़दारी की। इसके साथ ही भेदमूलक सिद्धांत के माध्यम से यह स्पष्ट किया कि सामाजिक और आर्थिक अंतरों को इस तरह समायोजित किया जाना चाहिए कि इससे सबसे वंचित तबके को सबसे ज़्यादा फ़ायदा हो।

बाद के वर्षों में रॉल्स के सिद्धांत की कई आलोचनाएँ भी सामने आयींए जो दरअसल सामाजिक न्याय के संदर्भ कई नये आयामों का प्रतिनिधित्व करती थीं। इस संदर्भ में समुदायवादियों और नारीवादियों की द्वारा की गयी आलोचनाओं का विशेष रूप से उल्लेख किया जा सकता है। समुदायवादियों ने सामान्य तौर पर उदारतावाद और विशेष रूप से रॉल्स के सिद्धांत की इसलिए आलोचना की कि इसमें व्यक्ति की अणुवादी संकल्पना पेश किया गया है। रॉल्स जिस व्यक्ति की संकल्पना करते हैं वह अपने संदर्भ और समुदाय से पूरी तरह कटा हुआ है।

बाद में 1980 के दशक के आख़िरी वर्षों में उदारतावादियों ने समुदायवादियों की आलोचनाओं को उदारतावाद के भीतर समायोजित करने की कोशिश की जिसके परिणामस्वरूप बहुसंस्कृतिवाद की संकल्पना सामने आयी। इसमें यह माना गया कि अल्पसंख्यक समूहों के साथ वास्तविक रूप से तभी न्याय हो सकता है जब उन्हें अपनी संस्कृति से जुड़े विविध पहलुओं की हिफ़ाज़त करने और उन्हें सार्वजनिक रूप से अभिव्यक्त करने की आज़ादी मिले। इसके लिए यह ज़रूरी है कि इनके सामुदायिक अधिकारों को मान्यता दी जाए। इस तरह सैद्धांतिक विमर्श के स्तर पर बहुसंस्कृतिवाद ने सामाजिक न्याय की अवधारणा में एक नया आयाम जोड़ा।

यहाँ उल्लेखनीय है कि साठ के दशक से ही पश्चिम में नारीवादी आंदोलन नागरिक अधिकार आंदोलन गे लेस्बियन और ट्रांस.जेंडर आंदोलन और पर्यावरण आंदोलन आदि उभरने लगे थे। बाद के दशकों में इनका प्रसार ज़्यादा बढ़ा और इन्होंने सैद्धांतिक विमर्श को भी गहराई प्रदान की। मसलन नारीवादियों ने उदारतावाद और रॉल्सवादी रूपरेखा की आलोचना की। अपने विश्लेषण द्वारा उन्होंने पितृसत्ता को नारीवादियों के समान हक के रास्ते में सबसे बड़ी रुकावट के रूप में रेखांकित किया।

इसी तरह गे लेस्बियन और ट्रांस. जेंडर लोगों ने समाज में सामान्य या नार्मल की वर्चस्वी रूपरेखा पर सवाल उठाया और अपने लिए समान स्थिति की माँग की। नागरिक अधिकार आंदोलनों द्वारा पश्चिम में ख़ास तौर पर अमेरिकी समाज में काले लोगों ने अपने लिए बराबरी की माँग की। मूल निवासियों ने भी अपने सांस्कृतिक अधिकारों की माँग करते हुए बहुत सारे आंदोलन किये हैं। बहुसंस्कृतिवादियों ने अपनी सैद्धांतिक रूपरेखा में इन सभी पहलुओं को समेटने की कोशिश की है। इन सभी पहलुओं ने सामाजिक न्याय के अर्थ में कई नये आयाम जोड़े हैं। इससे स्पष्ट होता है कि विविध समूहों के लिए सामाजिक न्याय का अलग.अलग अर्थ रहा है।

असल में विकासशील समाजों में पश्चिमी समाजों की तुलना में सामाजिक न्याय ज़्यादा रैडिकल रूप में सामने आया है। मसलन दक्षिण अफ़्रीका में अश्वेत लोगों ने रंगभेद के ख़िलाफ़ और सत्ता में अपनी हिस्सेदारी के लिए ज़ोरदार संघर्ष किया। इस संघर्ष की प्रकृति अमेरिका में काले लोगों द्वारा चलाये गये संघर्ष से इस अर्थ में अलग थी कि दक्षिण अफ़्रीका में काले लोगों को ज़्यादा दमनकारी स्थिति का सामना करना पड़ रहा था। इस संदर्भ में भारत का उदाहरण भी उल्लेखनीय है। बहुसंस्कृतिवाद ने जिन सामुदायिक अधिकारों पर जोर दिया उनमें से कई अधिकार भारतीय संविधान में पहले से ही दर्ज हैं। लेकिन यहाँ सामाजिक न्याय वास्तविक राजनीति में संघर्ष का नारा बन कर उभरा। मसलन भीमराव आम्बेडकर और उत्पीड़ित जातियों और समुदायों के कई नेता समाज के हाशिये पर पड़ी जातियों को शिक्षित और संगठित होकर संघर्ष करते हुए अपने न्यायपूर्ण हक को हासिल करने की विरासत रच चुके थे।

इसी तरह पचास और साठ के दशक में राममनोहर लोहिया ने इस बात पर जोर दिया कि पिछड़ों दलितों अल्पसंख्यकों और स्त्रियों को एकजुट होकर सामाजिक न्याय के लिए संघर्ष करना चाहिए। लोहिया चाहते थे कि ये समूह एकजुट होकर सत्ता और नौकरियों में ऊँची जातियों के वर्चस्व को चुनौती दें। इस पृष्ठभूमि के साथ नब्बे के दशक के बाद सामाजिक न्याय भारतीय राजनीति का एक प्रमुख नारा बनता चला गया।

इसके कारण अभी तक सत्ता से दूर रहे समूहों को सत्ता की राजनीति के केंद्र में आने का मौका मिला। ग़ौरतलब है कि भारत में भी पर्यावरण के आंदोलन चल रहे हैं। लेकिन ये लड़ाइयाँ स्थानीय समुदायों के अपने ष्जलए जंगल और जमीनष् के संघर्ष से जुड़ी हुई हैं। इसी तरह विकासशील समाजों में अल्पसंख्यक समूह भी अपने ख़िलाफ़ पूर्वग्रहों से लड़ते हुए अपने लिए ज़्यादा बेहतर सुविधाओं की माँग कर रहे हैं। इस अर्थ में सामाजिक न्याय का संघर्ष लोगों के अस्तित्व और अस्मिता से जुड़ा हुआ संघर्ष है।

इस बात से इनकार नहीं किया जा सकता है कि सामाजिक न्याय के नारे ने विभिन्न समाजों में विभिन्न तबकों को अपने लिए गरिमामय ज़िंदगी की माँग करने और उसके लिए संघर्ष करने के लिए प्रेरित किया है। सैद्धांतिक विमर्श में भी यूटोपियाई समाजवाद से लेकर वर्तमान समय तक सामाजिक न्याय में बहुत सारे आयाम जुड़ते गये हैं।

यह भी उल्लेखनीय है कि विकसित समाजों की तुलना में विकासशील समाजों में सामाजिक न्याय का संघर्ष बहुत जटिलताओं से घिरा रहा है। अधिकांश मौकों पर इन समाजों में लोगों को सामाजिक न्याय के संघर्ष में बहुत ज़्यादा संरचात्मक हिंसा और कई मौकों पर राज्य की हिंसा का भी सामना करना पड़ा है।

लेकिन सामाजिक न्याय के लिए चलने वाले संघर्षों के कारण इन समाजों में बुनियादी बदलाव हुए हैं। कुल मिला कर समय के साथ सामाजिक न्याय के सिद्धांतीकरण में कई नये आयाम जुड़े हैं और एक संकल्पना या नारे के रूप में इसने लम्बे समय तक ख़ामोश या नेपथ्य में रहने वाले समूहों को भी अपने के लिए जागृत किया है।

लेखक परिचय

डॉक्टर श्री सैयद खालिद कैस मध्य प्रदेश की राजधानी भोपाल शहर के जाने-माने वरिष्ठ अधिवक्ता, वरिष्ठ पत्रकार, सम्पादक, राजनीतिक समीक्षक, आलोचक, लेखक, शायर, समाजसेवी समाजसुधारक व विभिन्न राष्ट्रीय संगठनों के संस्थापक हैं। बचपन से ही साहित्यिक व सांस्कृतिक क्षेत्रों में रुझान व सूत्रधार के रूप में भूमिका निभाना उनका पसंद रहा।

08 अप्रैल 1974 मध्य प्रदेश की राजधानी भोपाल में जन्मे डॉक्टर सैयद खालिद को शुरू से ही पढ़ाई लिखाई में खासी रूचि थी, उन्होंने उर्दू सहित 2 विषयों एम.ए.।(राजनीति शास्त्र) तथा अपराध शास्त्र में एल.एल.बी. की है। इसके अलावा इंदिरा गाँधी राष्ट्रीय मुक्त विश्वविधालय दिल्ली से CAFE, CHR, CRD जैसे अत्यंत उपयोगी सर्टीफिकेशन अर्जित किये। वे 23 साल की उम्र में अधिवक्ता बने लेकिन सतत देश हित के कई मुहीम के सूत्रधार बने रहे और फिर प्रेस क्लब ऑफ वर्किंग जर्नलिस्ट्स, गुरु द्रोणाचार्य विद्यापीठ जैसे अखिल भारतीय संगठन की स्थापना के बाद हज़ारों पत्रकार साथी उनके साथ जुड़कर पत्रकार सुरक्षा व कल्याण के उनके उद्देश्य को सफल बनाने के मुहिम में लगे हुए हैं।

डॉक्टर सैयद खालिद कैस का पत्रकारिता जगत से नाता आज का नहीं वरन् 1995से है जब यह युवा अवस्था में अपनी पढ़ाई के साथ साथ पत्रकारिता में अपनी भूमिका तलाश रहे थे। युवा अवस्था से पत्रकारिता के प्रति उनका समर्पण आगे जाकर एक मीडिया हाउस में परिवर्तित हो गया और उनके द्वारा स्थापित न्यूज हंट मीडिया एंड पब्लिकेशंस संस्थान के माध्यम से उन्होंने समाचार पत्र पत्रिकाओं, न्यूज चैनल्स को एक जगह स्थापित किया। इस संस्थान के द्वारा पूर्व से प्रकाशित हिंदी मासिक त्रैमासिक समाचार पत्रिकाएं द क्यूरी2007, कायनात टुडे मासिक त्रैमासिक 2016, मासिक कहकशां ए हिंद 2016, साप्ताहिक वर्किंग जर्नलिस्ट्स टाइम्स :2021 तथा साप्ताहिक जर्नलिस्ट्स क्रॉनिकल के प्रकाशन के साथ साथ न्यूज चैनल्स और न्यूज पोर्टल्स खबरें आजतक :2017, एनडीटीवी18 : 2018, भोपाल केसरी :2019, वर्किंग जर्नलिस्ट्स टाइम्स :2021 तथा जर्नलिस्ट्स क्रॉनिकल :2024 का प्रसारण किया जा रहा है।

इस संस्थान के माध्यम से उनके द्वारा निरंतर मिडिया और पब्लिकेशंस के इस अभियान को आगे बढ़ाया है।उनके इस अभियान में कैंसर पीड़ितों की माता कही जाने वाली देश की ख्यातिमान डॉक्टर सुवी मनीष स्वामी का सहयोग अतुलनीय है। डॉक्टर सैयद खालिद कैस एडवोकेट द्वारा लिखित किताब “देश में सुरक्षित नहीं रही निष्पक्ष पत्रकारिता” का प्रकाशन किया जा रहा है। श्री

कैस द्वारा इससे पूर्व 2013 में श्री कैस ने सूचना का अधिकार अधिनियम पर आधारित किताब "सूचना का सारथी" का प्रकाशन किया था जिसका विमोचन तत्कालीन राज्यपाल मध्य प्रदेश के कर कमलों से हुआ था। उसी परम्परा को आगे बढ़ाते हुए उन्होंने वर्ष 2024 में "लोकतंत्र का चौथा स्तंभ लहू-लुहान" नामक किताब भी लिखी है जिसका विमोचन मध्य प्रदेश सरकार के उप मुख्यमंत्री श्री जगदीश देवड़ा के कर कमलों से हुआ था। उसी श्रृंखला को आगे बढ़ाते हुए इस नई किताब "देश में सुरक्षित नहीं रही निष्पक्ष पत्रकारिता"को देश को समर्पित किया जा रहा है।

श्री कैस को विधि व्यवसाय सहित पत्रकारिता के क्षेत्र में उत्कृष्ट योगदान के लिए 2005से 2025तक निरंतर सम्मानों से नवाजा जाता रहा है। इन्टरनेशनल एक्सिलेंस अवार्ड मुम्बई अप्रैल 2020, मदर टेरेसा सम्मान नागपुर मई 2021, भारत भूषण सम्मान अगस्त 2021, एन.एम.एफ. आई एक्सिलेंस अवार्ड पत्रकारिता क्षेत्र में मीडिया उत्थान हेतू जुलाई 2021 देहरादून उत्तराखण्ड, राष्ट्रीय साहित्य रत्न सम्मान दिसम्बर 2021, संत माधवानन्द सर्वधर्म सम्मान निर्दलीय प्रकाशन भोपाल 2022, विश्व साहित्य रत्न सम्मान 2022, भागवत प्रसाद स्मृति समन्वय सेवा सम्मान छत्तीसगढ, मीडिया एक्सीलेंस अवार्ड मुम्बई 2023, नेशनल महात्मा गांधी रत्न अवार्ड, नेशनल प्रेस अवॉर्ड 2024 कोलकाता, कबीर कोहिनूर सम्मान 2024 दिल्ली, विश्व रत्न सम्मान 2024, भारत श्री सम्मान नैशनल अवार्ड 2025 प्रदान किया गया है।

डॉ सैयद ख़ालिद कैस को 30 वर्ष से अधिक समय से पत्रकारिता के क्षेत्र में अपनी महती भूमिका निभाने पर" पेरिस फ्रांस स्थित द थेम्स इंटर नेशनल यूनिवर्सिटी द्वारा वर्ष 2023में (मीडिया एंड जर्नलिज्म) में डॉक्टरेट की मानद उपाधि से सम्मानित किया जा चुका है।